기획자의 질문법

기획자의 질문법

- **프로젝트 목표** 이 기획은 무엇을 이루기 위해 존재할까?
- **우선순위** 가장 먼저 해결해야 할 일은 무엇일까?
- **성과 지표** 우리는 어떤 결과를 성공이라고 부를 수 있을까?
- **이해관계자** 이 일에 영향을 주고받는 사람은 누구일까?
- **이해관계자의 니즈** 각자의 입장에서 원하는 건 무엇일까?

(검색)　(I'm feeling lucky)

1 2 3 4 5 6 7 8 9 >

한성희 지음

평 범 한 질 문 속 에 서

답 을 찾 아 가 는 여 정

pazit

CONTENTS

5 실행에 옮기기 전의 질문들

6 기획을 마친 후의 질문들

Workbook • 222

실전을 위한 7가지 팁 / 기획력을 키우는 27가지 질문 워크시트

Prologue

이제 당신이 질문을 던질 차례이다

기획자로 살아온 시간은 성공의 환희와 실패의 쓴맛이 뒤섞인 치열한 여정이었다. 적자에 허덕이던 스타트업이 처음으로 흑자를 낸 날, 내 기획이 사람들의 삶을 조금이나마 편하게 만들었음을 실감했던 날도 있었다. 옳다고 믿었지만 고객의 마음을 얻지 못해 고개를 숙였던 날도 있었다. 그 모든 순간이 모여 지금의 나를 만들었다.

지난 25년, 나는 성공과 실패의 갈림길마다 한 걸음 물러서 깊게 숨을 고르며 돌아보았다. 무엇이 성과를 이끌었고, 무엇이 부족했으며, 다음엔 어떻게 다르게 접근할 수 있을까. 그렇게 매번 나 자신에게 질문을 던졌고, 그 질문들은 하나둘 쌓여 지금 이 책 속 27가지 질문이 되었다. 내게 질문은 기획의 나침반이었고, 흔들릴 때마다 다시 길을 찾게 해주는 좌표였다.

이 오랜 여정 끝에 나는 나만의 공식 하나를 얻게 되었다. 좋은 기획은 좋은 질문에서 시작된다는 것. 가설을 세우고, 데이터를 분석하고, 현장의 목소리에 귀를 기울이며, 경쟁 환경을 다각도로 해석하는 것. 그렇게 차근차근 질문을 따라가다 보면 고객의 진짜 니즈가 모습을 드러낸다. 그리고 그 지점을 정확히 짚어낼 때, 비로소 의미 있는 서비스와 결과가 탄생한다.

덕분에 나는 글로벌 기업에서 수천만 명이 사용하는 서비스를 기획했고, 매년 100% 이상 성장하는 스타트업에서 CPO로 일할 수 있었다. 지금은 이제 막 성장하는 스타트업들과 함께하며, 그들의 꿈이 실현되는 과정을 옆에서 지켜보고 있다. 이 모두가 질문의 힘에서 비롯되었다.

질문은 기획자를 멈추지 않게 만든다. '이게 맞을까?' '다르게 할 수는 없을까?' '왜 고객은 이런 반응을 보일까?' 누구나 한번쯤 떠올리는 질문이지만, 기획자는 그 질문을 끝까지 놓지 않는 사람이다. 평범해 보이는 질문 속에도 답의 단서가 숨어 있고, 기획자는 그 치열한 탐색 과정을 설계한다.

기획의 길은 거칠고 불확실하다. 때론 수없이 의심하고, 실패의 쓴맛도 본다. 하지만 그 고민과 좌절을 기꺼이 감당하려는 용기야말로 기획자의 진짜 자질이다. 완벽하지 않아도 괜찮다. 중요한 건 멈추지 않는 태도다. 언젠가 쌓아온 질문들이 빛을 발하는 순간이 찾아온다. 그 순간 기획이라는 이름의 높은 벽은 오히려 나를 더 단단하게 만들고, 더 높은 곳으로 이끌어주는 계단으로 바뀐다.

기획의 시작에는 늘 질문이 있다. 끝까지 물을수록, 더 멀리 나아갈 수 있다. 이 책이 전하고 싶은 건 단 하나다. 질문의 깊이가 곧 기획의 완성도를 결정한다. 이제, 그 질문을 던질 차례는 당신이다.

기획자의 질문법 ▲

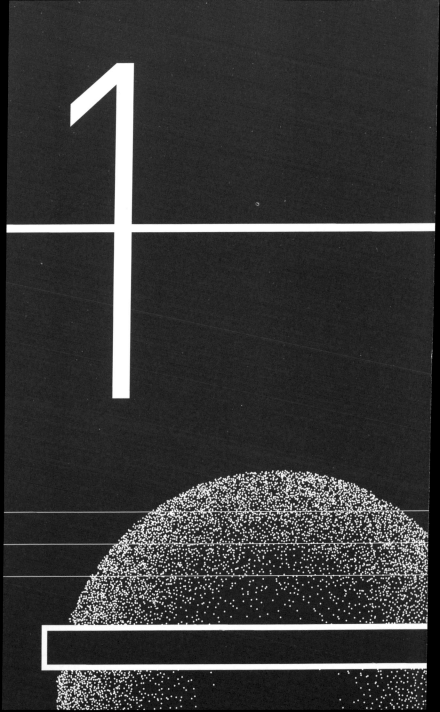

잘하는 사람은

질문부터 다르다

ASK ——— BETTER
THINK ——— DEEPER
PLAN ——— SMARTER
LEAD WITH QUESTIONS

▼

사람을
이해하고
움직이게
만든다

커뮤니티 서비스 회사에서 기획 업무를 맡았을 때, 게시판의 댓글 수를 보여주는 기능을 기획하며 수많은 질문과 마주했다. '이 기능이 정말 필요할까?' '사용자들이 이걸 원하긴 할까?' '디자이너와 개발자에게 이걸 어떻게 설명하지?' 시작은 작고 평범한 버튼 하나였지만, 그 질문은 기능의 필요성에서 과제의 방향성까지 광범위하게 뻗어 나갔다. 그 질문에 답을 찾는 데 정해진 공식 같은 건 없었다. 이후 네이버, 삼성전자, 요기요, 빗썸을 거치며 다양한 조직과 문제를 마주했고, 지금은 '심플리파이어'라는 이름으로 스타트업을 코칭하고 있다.

그 과정을 거치며 나는 한 가지 확신에 이르렀다. 기획은 사람을 움직이는 실험이다. 사용자를 설득하고, 개발자와 협업하며, 디자이너와 소통하고, 때로는 경영진의 결정을 이끌어내야 하는 일. 이 복잡한 퍼즐 속에서 기획자는 언제나 중심에 서야 한다. 이 과정을 거치며 나는 세 가지 핵심을 발견했다.

첫째, 기획의 목적은 사람을 움직여 문제를 해결하는 것이다. 스토리보드나 문서 작성은 도구일 뿐이다. 진짜 중요한 건 핵심 고객이나 협업자를 설득하고 조율해 문제를 돌파해나가는 힘에 있다. 제품 개발이든, 콘텐츠 제작이든, 마케팅이든, 심지어 커리어 설계까지도 마찬가지다.

둘째, 기획의 본질은 복잡한 상황 속에서 최적의 해법을 끌어내는 것이다. 겉핥기식 계획 수립이 아니라 상황에 맞는 최적의 방식으로 사람들의 참여를 이끌어내는 일이다. 예를 들어 MVPMinimum Viable Product*로 시장 반응을 빠르게 검증

---

* 최소 기능만 갖춘 시제품으로, 빠르게 사용자 반응을 검증하고 시장 적합성을 테스트하기 위한 제품.

해야 할 때도 있고, 복잡한 프로젝트는 WBSWork Breakdown Structure[**]를 통해 일정을 나누고 시야를 넓힐 필요가 있다. 변화가 잦은 초기 스타트업 환경에서는 애자일 방법론[***]이 필요하다. 기획자는 변화의 결을 감지하고 그에 맞는 도구를 꺼내드는 감각이 필요하다.

셋째, 기획은 결과를 만들어가는 흐름이다. 아이디어는 시작점일 뿐, 실행과 검증, 개선까지 아우르는 것이 진짜 기획이다. 시장과 고객에 대한 질문을 바탕으로 실행 가능한 해결책을 설계하고, 실제로 적용해보고, 예상 밖의 결과가 나오면 회고하고 개선하는 것까지가 기획이다. 이 과정에서 다양한 이해관계자를 설득하고, 그들의 참여를 이끌어내는 설계력이 성패를 가른다.

결론적으로, 기획이란 사람의 마음을 읽고 행동을 이끌어내는 일이다. 고객의 니즈를 읽고, 개발자의 현실을 이해하

[**] 프로젝트를 체계적으로 관리하기 위해 전체 작업을 계층적으로 세분화한 구조.
[***] 반복적 실행과 피드백을 기반으로 유연하게 설계와 개발을 진행하는 소프트웨어 개발 및 협업 방식.

며, 디자이너의 시선을 존중하고, 경영진의 목표를 고려하는 것. 이 모든 사람들이 같은 방향을 향하도록 흐름을 설계하는 것. 그게 바로 기획자의 역할이고, 이 책에서 말하는 질문의 힘이 필요한 이유이다.

기획자의 질문력 ◀

질문이
다르면
기획이
달라진다

누군가는 반복 속에 멈춰 서고, 누군가는 같은 조건에서 흐름을 바꿔낸다. 그 차이는 어디서 올까? 바로 사고의 깊이다. '매출을 늘리자'는 표면적인 접근이다. 반면, '20대 여성들이 친구들과 해외여행을 갈 때 겪는 인터넷 로밍 선택의 어려움을 해결하면 매출도 자연스럽게 늘어나지 않을까?'는 깊이 있는 접근이다. 두 접근은 완전히 다른 결과를 만든다. 표면적 사고는 단기 성과에 그치지만, 깊이 있는 사고는 지속 가능한 성장을 가능하게 한다.

기획은 피상적인 계획 수립이 아니다. 문제를 분석하고, 해결책을 설계하며, 목표를 달성하기 위한 전략을 그려내는 일. 얼마나 깊이 있게 생각하고 접근하느냐가 성과의 질을 결정한다. 이 능력은 기획자뿐 아니라 마케터, 세일즈, 디자이너, 개발자 등 모든 직군에서 차별화된 성과를 만들어준다.

첫째, 깊이 있는 사고는 업무 성과를 높인다. '신제품을 출시하자'는 말만으로는 부족하다. '왜 이 제품이 필요한가?' '어떤 문제를 해결하는가?' '누구에게 어떻게 전달할 것인가?' 이런 질문을 던질수록 성공 확률은 높아진다. 전략적으로 사고하면 중요한 프로젝트를 맡을 기회가 생긴다. 그렇게 쌓인 경험이 곧 조직 안에서 나만의 경쟁력이 된다.

둘째, 깊이 있는 사고는 조직과 비즈니스의 성장을 이끈다. '시장에 진입하자.' 이 한 문장만으로는 어딘가 불완전하다. '왜 지금일까?' '어떤 차별점이 있을까?' '지속 가능한 경쟁력을 어떻게 만들 수 있을까?'

이런 질문에서 나온 기획이 수십억의 매출, 수백억의 투자 유치로 이어진다. 특히 스타트업에선 질문이 성패를 가른다. 시장 진입 전략, 고객 확보 로드맵 등 사업이 성장하는 모든 과정에서 사고의 깊이는 결과를 좌우하는 힘이다.

셋째, 깊이 있는 사고는 커리어의 확장과 기회를 만든다. '이직과 승진, 그 차이는 어디서 올까?' '어떤 경험이 나를 성장시킬까?' '내가 만든 기획의 결과물로 새로운 기회를 만들 수 있을까?' 이 질문에서 시작된 기획은 커리어의 방향까지 바꿔놓는다. 깊이 있게 설계한 프로젝트는 승진이나 이직의 기회가 되기도 하고, 때로는 창업이라는 새로운 길로 이어지기도 한다.

내가 호스팅하는 모임의 한 멤버도 이런 질문을 통해 전환점을 맞이했다. 예전에는 리더가 주는 업무량에 스트레스를 받으며 '왜 나만 이렇게 바쁘지?'라는 생각에 빠져 있었다. 하지만 그가 스스로 질문을 던지기 시작하면서 달라졌다. '내가 풀고 싶은 문제는 뭘까?' '이 일을 더 잘할 수 있는 방법은 없을까?' 질문하고 실행하는 과정을 반복하면서 성과가 차곡차곡 쌓였다. 그 결과 승진이라는 눈에 보이는 변화로 이어졌다.

부업으로 운영 중인 무인 카페에도 같은 방식이 적용됐다. '방문자를 늘리는 방법은?' '객단가를 높이는 방법은?' 질문을 던지고, 작게 실험하고, 효과적인 방법을 하나씩 적용해 나간 결과, 눈에 보이는 성과로 이어졌다.

'운동을 열심히 하자'는 다짐만으론 달라지는 게 없다. 중요한 건 질문이다. '왜 운동이 필요한가?' '나에게 맞는 방식은 무엇인가?' '어떻게 하면 오래 지속할 수 있을까?' 이런 질문이야말로 실행 가능한 전략을 만든다. 재정 관리든 건강 습관이든 시간 계획이든 마찬가지다. 깊이 있는 질문에서 시작한 기획은 목표에 도달할 가능성을 높여준다.

결국, 사고의 깊이가 성과를 결정한다.

표면적 현상이 아닌, 문제의 본질을 파악하고 있는가?

임시 처방이 아닌, 근본적인 해결책을 설계하고 있는가?

단발성 실행이 아닌, 더 큰 가치를 만들어내고 있는가?

질문이 날카로워질수록 기획은 힘을 얻는다. 그 질문은 실행의 방향을 만들고, 성과의 질을 바꾸며, 커리어의 다음 단계를 설계하게 한다.

당신의 사고는 얼마나 깊은가?

기획자의 질문법 ▶

질문이
기획을
리드한다

10대 동창생 커뮤니티 서비스 다모임에서 아이템몰 개편 스토리보드를 만들던 때의 일이다. 세일즈팀 차장님이 종이 한 장을 내밀며 다가왔다. "한 대리, 이거 어떤지 의견 좀 줘." 광고를 보면 아이템을 구매할 수 있는 무료 캐시 서비스 화면이었다. 나는 자연스럽게 질문부터 던졌다. '이 서비스의 목적이 뭘까요?' '주요 타깃 고객은 누구일까요?' '광고 상품의 종류는 조절할 수 있나요?' 질문이 이어지자 차장님은 불편한 기색을 감추지 않았다. "그냥 좋다 나쁘다 얘기하면 되지, 왜 유세하듯이 묻는 거야?" 그는 칭찬을 기대했지만, 나는 질문이 답보다 중요하다고 믿었다.

좋은 기획은 다양한 관점의 순차적인 질문에서 시작된다. 예를 들어, '사이트 이용자에게 무료 캐시 서비스를 노출해 매출을 올린다'를 목표로 설정할 수도 있다. 하지만 정말 그럴까? '이 서비스를 이용할 사람은 누구일까?' '광고를 보면 캐시를 받는다는 걸 사용자들이 쉽게 이해할 수 있을까?' '어디에 노출해야 가장 효과적일까?' 질문을 던질수록 목표는 더 구체적이고 명확해진다.

질문을 통해 재정의한 목표는 다음과 같았다. 첫째, 아이템을 구매하고 싶지만 직접 충전이 어려운 이용자에게 광고 참여를 통해 자연스럽게 캐시를 제공한다. 둘째, 그 과정을 매끄럽게 설계해 광고 수익과 아이템 판매를 동시에 끌어올린다. 질문은 문제의 본질을 파악하고, 사업 목표와 고객에 대한 이해도를 높여준다. 그래서 기획을 시작할 때는 스스로 질문을 던지고, 답하며 초안을 구성해보는 것이 좋다. 이 과정을 거치면 다음과 같은 실행 계획으로 자연스럽게 이어진다. 질문과 답변을 차곡차곡 쌓아가다 보면 실행 전략도 자연스럽게 또렷해진다. 아래는 그 과정을 통해 구체화된 실행 아이디어들이다.

- 무료 캐시 충전 서비스는 메인 페이지보다 아이템몰 내에 배치하는 것이 타깃팅 효과가 높다.
- 아이템 구매 이력이 있거나, 방문 후 구매하지 않은 이용자에게 이메일 알림을 보내면 오픈율과 방문율을 높일 수 있다.
- 직접 결제가 어려운 미성년자가 주요 타깃이라면 이들에게 적합한 참여형 광고 상품을 노출해야 한다.
- 충전 완료 페이지에 인기 상품이나 관심 상품을 제안하면 아이템 구매 전환율을 높일 수 있다.
- 광고 참여 후 캐시 지급 외에도 인기 아이템을 직접 제공하는 이벤트 형태로 확장하면 새로운 수익 모델이 될 수 있다.

세일즈팀과 함께 이 접근법을 차근차근 적용한 결과, 기대를 훨씬 뛰어넘는 성과가 나왔다. 무료 캐시 충전소는 매출 증대를 넘어 전체 아이템몰 매출의 30%를 차지할 정도로 성장했다. 기획은 문제를 전략적으로 분석하고 체계적으로 풀어내는 과정이다. 그 시작은 고객, 서비스 회사, 광고사 등 이해관계자를 명확히 정의하는 데 있다.

'그들이 가진 문제는 무엇일까?' '그들이 정말로 원하는 건 무엇일까?' '어떤 방식이 가장 효과적인 해결책일까?' 질문이 많을수록 기획은 정교해진다. 질문이 깊을수록, 목표는 선명해진다. 초기의 다양한 질문이 실행 전략의 완성도를 결정짓는다.

기획자의 질문법 ▼

기획을 시작하는

질문들

ASK ——————— BETTER
THINK ——————— DEEPER
PLAN ——— SMARTER
LEAD WITH QUESTIONS

▼

이 기획은
무엇을
이루기 위해
존재할까?

기획을 시작하기 위한 첫 질문을 던져보자. 모든 성공적인 기획은 명확한 목표를 세우는 데서 출발한다. '우리의 비즈니스 목표는 무엇인가?' 이 질문에 제대로 답하지 못한다면 목적지 없이 운전하는 것과 다르지 않다. 어디로 가야 할지, 언제 도착할지 가늠조차 할 수 없다. 기획도 마찬가지다. 목표가 선명하면 갈 길이 분명해지고, 성공 확률도 자연히 높아진다.

비즈니스 기획의 궁극적인 목표는 회사의 성장과 수익 창출이다. 그러기 위해서는 먼저 회사 내부와 시장 환경에 대한 냉정한 분석이 필요하다. '지금 우리가 마주한 과제는 무엇인가?' '오히려 이 상황에서 기회로 삼을 수 있는 건 무엇인가?' '경쟁사 대비 우리의 위치는 어디쯤인가?' 이런 질문을 끊임없이 던지며 현재를 정확히 진단하는 과정이 필요하다.

첫째, 목표는 측정 가능해야 한다. 피터 드러커의 말처럼, "측정할 수 없다면 관리할 수 없다If you can't measure it, you can't manage it." 기획에서도 예외는 없다. 추상적인 목표는 방향을 잃게 하고, 팀의 에너지를 분산시킨다. 예를 들어, '고객 만족도를 높인다'는 말은 모호하다. 무엇이 만족인지, 얼마나 높아야 하는지 기준이 없다. 반면, '분기 내 NPSNet Promoter Score* 10점 향상'은 다르다. 수치로 정의된 목표는 조직의 현재 위치와 도달 방향을 알려주는 나침반이다. 월간 활성 사용자 50만 달성, 분기 객단가 20% 상승, 연 매출 300억 돌파처럼 구체적인 수치가 있어야 조직 전체가 같은 방향으로 달릴 수 있다.

둘째, 숫자만으로는 부족하다. 경험을 설계해야 한다. 기획의 핵심은 고객에게 전달되는 가치를 만들어내는 데 있다. 정성적 목표는 조직 구성원들이 '어떤 경험을 만들어야 하

---

* 고객이 해당 제품이나 서비스를 지인에게 추천할 의향이 있는지를 수치화한 고객 충성도 지표.

는가'를 공유하게 도와준다. 예를 들어, '충성 고객 A가 새 버전에 대해 사용성이 훨씬 좋아졌다고 피드백한다'는 목표는 매우 명확하다. 개발팀은 기능 개선에 집중하고, 디자인팀은 UI/UX**를 다듬고, 기획팀은 고객 인사이트를 더 깊이 들여다볼 것이다.

실제 사례로 B 교육 스타트업의 서비스팀은 정량적 목표와 정성적 목표를 함께 설정해 성과를 냈다.

- 정량적 목표: 신규 유료 구독자 월 1,000명 확보
- 정성적 목표: 온보딩을 통해 서비스의 차별성과 가치를 명확히 인식했다는 피드백 받기

이 정성적 목표 덕분에 각 부서는 명확한 방향을 공유할 수 있었다. 개발팀은 고객 경험 향상에 필요한 기능을 제때 구현했고, 디자인팀은 복잡했던 가입 절차를 간소화했고, 마케팅팀은 차별점을 강조한 캠페인으로 신규 유입을 확대했

** UIUser Interface, 사용자 인터페이스: 사용자가 제품이나 서비스를 사용할 때 마주하는 시각적 요소와 조작 환경을 의미함. 예: 버튼, 화면 구성, 메뉴 구조.
UXUser Experience, 사용자 경험: 사용자가 제품을 사용하는 전 과정에서 느끼는 감정, 편의성, 만족감 등을 포함한 전체적인 경험.

다. 결과적으로 고객은 기대했던 가치를 충분히 경험했고, 유료 전환율은 눈에 띄게 상승했다. 정량적 목표였던 신규 유료 고객 1,000명도 초과 달성했다.

이처럼 올바른 목표 설정은 기획의 성패를 가르는 핵심이다. 따라서 목표를 세울 때 다음 세 가지를 반드시 점검해야 한다.

① 회사의 전략과 맥락을 정확히 이해하고 있는가?
　→조직의 방향을 알아야 목표가 설득력을 가진다.
② 목표가 구체적이고 측정 가능한가?
　→막연한 목표는 실행력을 잃기 쉽다.
③ 정량적 목표와 함께 정성적 목표도 고려했는가?
　→수치만으론 부족하다. 경험과 방향성까지 설계해야 완성도가 높아진다.

이 세 가지 질문을 곱씹으며 목표를 세우다 보면 기획은 추상이 아닌 실행 가능한 전략으로 탈바꿈한다. 명확한 목표는 불확실한 상황 속에서도 조직을 이끄는 등대다. 그 목표를 향해 나아갈 때 기획은 비로소 빛을 발한다.

OKR은 목표Objectives와 핵심 결과Key Results를 연결해 조직의 방향성과 실행력을 강화하는 프레임워크다. 이 기법은 조직의 방향성을 명확히 하고 구성원들의 집중력과 실행력을 극대화한다. OKR의 핵심 원리는 집중과 완료다. Objectives는 조직이 정말 중요하게 여기는 목표에만 집중하도록 설계된다. 최상위 기업 목표와 팀별 Objectives는 보통 3~5개로 제한되며, 이 목표를 달성하기 위한 Key Results는 2~5개로 설정된다. 이때 Key Results는 모호한 정성적 기준이 아니라 수치화된 정량적 결과로 설정하는 것이 바람직하다. 그래야만 목표의 진척도를 지속적으로 확인할 수 있고 팀원들의 실행에도 구체적인 기준이 생긴다.

OKR은 일방적인 탑다운 방식이 아니다. 경영진이 최상위 Objectives를 설정한 후, 각 팀과 개인이 이에 연계된 하위 OKR을 자율적으로 설정하는 구조다. 이 과정에서 모든 구성원이 조직의 방향성과 자신의 역할을 명확히 인지하게 되고, 자발적인 몰입이 생긴다. 동시에 목표 달성을 위한 부서 간 협력도 자연스럽게 유도된다. OKR을 효과적으로 활용하려면, 먼저 기획의 궁극적인 지향점을 명확히 세워야 한다. 이 목표가 사용자 경험 향상, 마케팅 효율화, 매출 증대 등 무엇이든 간에 반드시 조직의 최우선 가치와 연결되어야 한다.

그다음 단계는 목표를 숫자로 확인할 수 있는 Key Results로 구체화하는 것이다. 예를 들어, '고객 만족도 10% 향상'처럼 목표 달성 여부를 쉽게 확인할 수 있는 정확한 기준을 세워야 한다.

설정한 지표가 실제 목표와 잘 연결되어 있는지도 중요하다. 지표가 전략적 도구로 작동하려면 Key Results 달성만으로도 전체 목표가 자연스럽게 실현되어야 한다.

OKR은 명확한 목표 설정과 실행 설계라는 점에서 기획과 닮아 있다. 기획자라면 그 구조와 철학을 이해하고 실무에 적용해 보자. 목표와 실행이 얼마나 정교하게 연결될 수 있는지 경험하게 될 것이다.

OKR 예시 — 신규 가입자의 리텐션 향상을 위한 기획 목표

Objective
신규 유입 사용자의 이탈률을 낮추고
리텐션 기반의 성장 구조 만들기

Key Result 1
온보딩 완료율을
60%에서 80%로 향상

Key Result 2
가입 후 첫 3일 이내
사용자 만족도
60점에서 75점으로 향상

Key Result 3
회원가입 후 7일 이내
재방문율을
25%에서 40%로 개선

Initiative
온보딩 프로세스를
3단계로 간소화

Initiative
첫 사용자 여정에서
이탈률이 높은
구간을 분석 후
UX 개선

Initiative
사용자 첫 방문 이후
7일 내
개인화 리마인드
알림 제공

가장 먼저
해결해야 할
일은
무엇일까?

광고주는 전하고 싶은 이야기가 너무 많았다. 제품의 장점도, 브랜드 철학도, 최신 기능도 전부 담고 싶어 했다. 그 이야기를 들은 광고 기획자AE, Account Executive는 광고주와의 미팅에서 바구니에 담긴 여러 개의 테니스공을 광고주에게 던졌고, 당황한 광고주는 공을 하나도 받지 못했다. 그러자 AE는 공 하나를 들어 광고주의 손에 쥐어주며 말했다.

"우리가 전하고 싶은 메시지는 많지만, 고객은 하나 듣기도 벅찹니다."

기획자들도 종종 이와 비슷한 실수를 한다. 한 번에 모든 걸 해내려 한다. 'MZ세대 신규 고객을 확보하고 기존 고객

이탈은 막고, 새로운 서비스도 출시하고, 브랜드 인지도까지 높이자…' 각각의 목표가 다 중요해 보여도 동시에 추진하려 하면 결국 어느 하나도 제대로 이루기 어렵다. 바구니에 가득 찬 테니스공 중, 정작 손에 쥘 수 있는 공은 하나도 남지 않는다.

C커머스 스타트업의 대표도 처음에는 모든 걸 동시에 이루려 했다. 신규 고객 확보, 기존 고객 불만 해소, 매출 증대, 브랜드 인지도 향상, 글로벌 진출까지. 조직 규모는 20명 남짓. 이상적이었지만 현실적이지 않았다.

코칭을 통해 우리는 목표의 우선순위를 새롭게 조정했다. 3개월 내 신규 구매자 1만 명 확보. 6개월 리텐션 40% 달성. 월 매출 3억 원 돌파. 이렇게 순서를 재정비했다. 브랜드 인지도 향상과 글로벌 서비스 출시는 후순위로 미뤘다. 처음엔 불안해하던 경영진도 곧 그 판단이 옳았다는 걸 인정하게 됐다. 전사가 '신규 고객 확보'라는 하나의 목표에 집중할 수 있었기 때문이다.

경영진은 가장 효과적인 고객 확보 채널을 정했고, 제휴 마케팅팀은 그중 빠르게 논의 가능한 채널부터 우선 제안서를 보냈다. 프로덕트팀은 회원 가입부터 결제까지, 이탈률이 가장 높은 구간을 집중적으로 개선했다. CS팀도 응대 매뉴

얼을 손보고, 신규 고객 대응 프로세스를 정비했다.

결과는 분명했다. 3개월 만에 1만 5천 명 이상의 신규 고객을 확보했고, 그 경험은 입소문으로 이어졌다. 검색 점유율이 경쟁사를 앞지르기 시작했고, 자연스럽게 브랜드 인지도도 상승했다. 유입된 고객들의 데이터는 곧 리텐션을 높이는 인사이트로도 이어졌다.

반대 사례도 있다. 스타트업 D사는 신규 고객 확보, 리텐션 강화, AI 프로덕트 개발, 글로벌 진출을 동시에 추진했다. 마케팅팀은 신규 고객 유입을 위한 캠페인을 준비했고, 개발팀은 고객 CS 응대와 신기능 개발을 병행했다. 그러나 정작 개발팀이 만든 기능은 마케팅팀의 캠페인과 연계되지 않았고, 고객 경험 향상에도 영향을 주지 못했다. 결국 신규 고객도 기존 고객도 잡지 못한 채 매출은 정체되었다.

모든 것이 중요해 보이는 상황에서 우선순위를 세우는 일은 쉽지 않다. 하지만 한정된 자원과 시간 안에서 모든 걸 다 이룰 수는 없다. 그래서 더욱 중요한 건 '지금 가장 먼저 받아야 할 테니스공이 무엇인지'를 아는 일이다.

지금 당신의 프로젝트에도 수많은 테니스공이 놓여 있다. 가장 먼저 받아야 할 공은 무엇인가? 나머지 공은 어떤 순서로 받아낼 것인가? 모든 게 중요해 보일 때, 무엇부터 붙들어야 할지 아는 것. 그것이 기획자의 안목이다. 회사가 지금 당면한 과제, 고객을 가장 크게 움직일 수 있는 지점을 기준으로 가장 먼저 쥐어야 할 공을 선택해야 한다.

기획자의 질문력 ▼

우리는
어떤 결과를
성공이라고 부를 수
있을까?

"우리 서비스는 시장에서 가장 사랑받는 서비스가 될 것입니다." 한 스타트업 대표가 투자자들 앞에서 자신 있게 선언했다. 하지만 "어떻게 측정하실 건가요?"라는 질문이 돌아오자, 그는 아무 말도 하지 못했다. 매력적인 목표를 제시했지만 실천 방안이 모호했고, 측정 설계도 부족했다. 결과를 증명할 수 없다면 그 목표는 선언에 머문다.

시장 점유율 1위를 목표로 삼는 것도 마찬가지다. '무엇을 기준으로 점유율을 측정할 것인가?' '매출인가, 사용자 수인가?' '경쟁사와의 비교는 어떤 데이터로 할 것인가?' 이런 질문에 답하지 못한다면 그 목표는 실체가 없다.

E서비스의 기획자는 업계 최고의 고객 만족도 달성을 목

표로 내세웠다. 경영진은 이를 환영했지만, 만족도를 측정할 수 있는 지표도 없었고, 비교 기준도 명확하지 않았다. 결국 목표가 있었지만 성과를 판단할 기준이 없었다. 반면 F 서비스는 NPS고객만족지수 10점 향상이라는 명확한 목표를 세웠다. 매주 데이터를 측정해 고객 피드백을 분석하고 개선점을 찾아냈다. 그 결과 6개월 만에 정확히 13점 상승이라는 실질적인 성과를 만들 수 있었다.

측정은 개선의 시작점이다. 구글이 OKR을, 아마존이 KPI*를 철저하게 관리하는 이유도 여기에 있다. 구글은 더 나은 검색 경험이 아니라 검색 결과 클릭률 5% 개선처럼 측정 가능한 목표를 세우고, 아마존 역시 고객 만족이 아닌 첫 구매 후 30일 내 재구매율 20% 달성처럼 수치화된 지표를 설정한다.

그렇다고 측정만으로 충분하지는 않다. 목표는 현실적이어야 한다. G스타트업은 3개월 내 글로벌 매출 10억 달성이라는 목표를 세웠지만, 마케팅 예산과 개발 인력, 시장 상황을 고려하면 불가능한 수치였다. 비현실적인 목표는 팀의 사기를 꺾는다. 반대로 H사는 병원 대상 헬스케어 서비스를 제

---

* 조직이나 프로젝트의 핵심 목표 달성 여부를 수치로 측정하는 성과 지표. 예: 매출, MAU, 전환율, 리텐션 등.

공하며 현실적이고 실행 가능한 목표를 세웠고, 이를 철저히 검증했다.

첫째, 정확한 측정 방법이 있었는가? 연간 B2B 고객 500곳 확보라는 목표 아래, 고객의 정의와 측정 기준을 명확히 했다. **둘째, 달성 가능한 수준이었는가?** 기존 데이터를 기반으로 50% 성장이라는 현실적인 수치를 정하고 조직 전체의 합의를 끌어냈다. **셋째, 정성적 목표도 함께 설정했는가?** 'UX가 뛰어나고, 핵심 기능에 대한 추가 요구 없이 제품을 선택하게 되었다'는 피드백을 정성적 지표로 설정해 고객의 진짜 만족도를 확인하려 했다.

이 목표들은 피상적인 계획이 아니라 실행 가능한 전략으로 작동했다. 그 결과, 연말에는 목표치를 초과 달성했고, 고객 반응도 긍정적으로 돌아왔으며 시장도 눈에 띄게 확장됐다.

목표는 꿈이 아니라, 현실이 되어야 한다. 측정할 수 없으면 개선할 수 없고, 무모한 목표는 팀을 지치게 한다. 지금 당신의 목표는 어떤가? 실제로 어떻게 측정할 수 있을지, 지금 자원으로 정말 달성 가능한지 점검해보자. 성공을 측정할 수 있을 때, 우리는 비로소 성공에 도달할 수 있는 지도를 손에 넣게 된다.

Framework for Asking Questions: SMART 목표 설정법

SMART 목표 설정 프레임워크는 개인과 조직의 목표를 효과적으로 수립하는 데 널리 활용되는 방법론이다. 이 프레임워크를 활용하면 목표를 보다 명확하고 실행 가능하도록 정리할 수 있다. SMART는 Specific구체적, Measurable측정 가능, Achievable달성 가능, Relevant적절성, Time-bound기한 설정라는 다섯 가지 핵심 요소로 구성된다.

목표는 구체적으로 정의되어야 하며, 성과를 판단할 수 있는 기준이 포함돼야 한다. 도전적이되 현실적으로 달성 가능한 수준이어야 하며, 조직의 비전이나 현재 상황과도 연계되어야 한다. 마지막으로는 언제까지 달성할 것인지 명확한 시간의 기준을 가져야 한다.

SMART 프레임워크는 모호한 목표를 실행 가능한 수준으로 구체화해준다. 이를 통해 실질적인 실행 계획 수립이 수월해지고, 진척 상황을 추적하거나 평가하는 것도 한층 쉬워진다. 현실적 목표는 도전의식을 자극하고 구성원들의 몰입을 높이며, 명확한 기한 설정은 시간 관리와 우선순위 조정에도 도움이 된다.

실제 활용 단계는 간단하다. 먼저 달성하고자 하는 목표를 최대한 구체적으로 정의한 뒤, 그 성과를 측정할 수 있는 지표를 설정한다. 이후 해당 목표가 현재 조직의 역량으로 실현 가능한지 검토하고, 조직의 비전이나 전략적 방향성과 얼마나 연결되는지도 함께 따져봐야 한다. 마지막으로 목표 달성의 마감 기한을 명확히 설정한다면, 목표 나열이 아닌 전략적인 기획으로 발전할 수 있다.

SMART 목표 설정 템플릿

SMART 요소	핵심 질문	나의 목표 작성란
S(Specific) 구체적인가?	• 누가 관련되어 있는가? • 내가 이루고자 하는 것은 무엇인가? • 언제까지 달성해야 하는가? • 이 목표가 중요한 이유는 무엇인가?	
M(Measurable) 측정 가능한가?	• 어떻게 진행 상황을 측정할 수 있을까? • 목표가 달성되었는지 어떻게 알 수 있을까?	
A(Achievable) 달성 가능한가?	• 이 목표는 명확하게 완수 여부를 판단할 수 있는가? • 정해진 기간 내에 현실적으로 달성 가능한가?	
R(Relevant) 관련성이 있는가?	• 이 목표는 나(또는 조직)의 핵심 성공과 관련이 있는가? • 현재의 전략이나 업무 방향과 연결되어 있는가?	
T(Time-Bound) 기한이 명확한가?	• 이 목표는 얼마나 시간이 걸리는가? • 언제 점검하고, 완료 여부를 확인할 것인가? • 지금 바로 실행할 준비가 되었는가?	

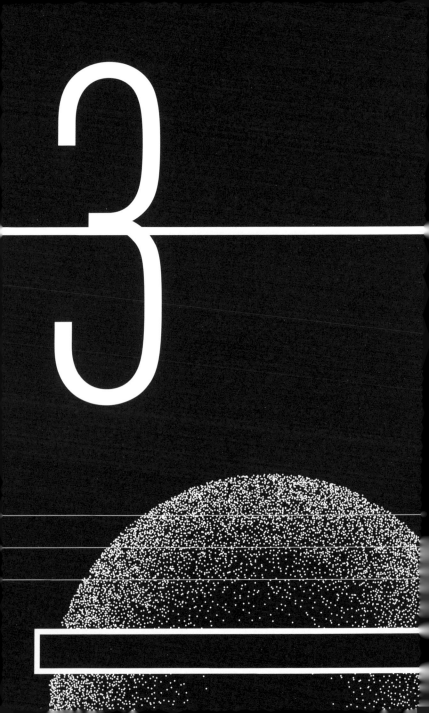

고객을
명확히 하는

질문들

ASK ———— BETTER
THINK ———— DEEPER
PLAN ——— SMARTER
LEAD WITH QUESTIONS

이 일에
영향을 주고받는
사람은
누구일까?

기획자는 리더가 제시한 목표나 고객만을 고려하는 실수를 자주 한다. 그러나 이는 기획의 큰 함정이다. 목표를 달성하기 위해 실제로 움직여야 할 대상은 누구일까? 그들은 바로 이해관계자다. 상황에 따라 이해관계자는 달라진다. 예컨대 대표에게 제출하는 보고서를 기획할 때는 대표가 이해관계자가 되고, 대중을 대상으로 한 서비스 기획에서는 고객이 중심이 된다.

실제 현장에서 단일 이해관계자만을 전제로 기획이 진행되는 경우가 드물다. 오히려 복수의 이해관계자들이 얽혀 있다. 목표 달성의 열쇠는 이들을 제대로 식별하고, 각자의 행동을 변화시키는 데 있다. 따라서 기획을 시작할 때는 반드

시 이런 질문을 던져야 한다. '이 일에 영향을 주고받는 사람은 누구일까?'

네이버의 한 프로젝트 매니저PJM, Project Manager가 그린 조직도는 사내에서 큰 반향을 일으켰다. 그는 프로젝트 킥오프 문서에 본부장을 자신의 하위에 배치했다. 통상적으로는 프로젝트 의뢰자인 본부장이 조직도의 최상단에 위치하기 마련이지만, 그는 "제가 프로젝트를 리딩하니까, 모든 구성원은 프로젝트 멤버로 표현하는 게 맞지 않나요?"라고 설명했다. 그의 눈에 본부장은 지시자가 아니라, 진행 상황을 공유받고 방향성에 동의하는 협력자였다. 프로젝트 목표를 달성하기 위해 자신이 설득하고 움직여야 하는 이해관계자로 바라본 셈이다.

이 사례는 많은 것을 말해준다. 이해관계자를 식별할 때 우리는 자주 직급이나 조직도를 기준 삼는다. 하지만 기획자의 관점은 달라야 한다. '이 사람이 목표 달성에 어떤 영향을 줄까?'라는 질문으로 접근해보자. 위계보다는 영향력, 직급보다는 실행력을 우선시하는 관점이 필요하다.

나도 이 원칙의 중요성을 실감한 적이 있다. POProduct Owner 아카데미라는 교육 프로그램을 기획했을 때, 처음에는 교육을 받는 PO만을 핵심 고객으로 생각했다. 하지만 곧 이런 질문을 던지게 되었다. '이 교육에 가장 큰 영향을 미치는 사람은 누구일까?' 뜻밖에도 새로운 이해관계자가 떠올랐다. 바로 PO의 실력 향상을 기대하는 회사 대표였다.

대부분의 회사에서 교육비는 회사가 부담했고, 코칭 요청도 대표가 먼저 하는 경우가 많았다. 이 사실을 인식한 순간, 프로그램 설계의 방향이 달라졌다. PO의 성장이 대표에게도 체감될 수 있어야 한다는 목표가 새롭게 설정되었다. 이 프로그램은 실무 교육을 넘어 회사의 전략적 성장을 지원하는 비즈니스 교육으로 확장됐다.

이처럼 이해관계자는 눈에 보이는 사용자만으로 정의되지 않는다. 진짜 기획자는 다음의 질문을 반복해서 던진다.

이 목표를 달성하기 위해 누구의 행동이 필요한가?
목표 달성 과정에서 영향을 주는 사람은 누구인가?
목표를 달성한 뒤 그 성과를 평가할 사람은 누구인가?

이 질문들에 답하다 보면, 자연스럽게 목표 중심의 관계 구도가 선명해진다. 어떻게 움직여야 할지가 보이기 시작한다. 기획의 성패는 결국 내가 진짜로 움직여야 할 사람을 얼마나 정확히 찾는가에 달려 있다.

각자의
입장에서
원하는 건
무엇일까?

A스타트업의 제품팀을 총괄하던 CPO

Chief Product Officer, 최고제품책임자는 기존 고객의 로열티를 높여 중장기적인 매출을 확대하는 데에 우선순위를 두고 제품 개선을 진행하고 있었다. 그러나 한 달 뒤로 다가온 투자 유치IR*를 준비 중이던 대표에게는 빠르게 보여줄 수 있는 성장 지표, 즉 신규 고객 유입이 무엇보다 절실했다.

CPO는 뒤늦게 대표의 우선과제가 자신과 전혀 다르다는 사실을 인지했고, 결국 투자 유치를 위한 목표에 맞춰 과제

---

* 투자자에게 기업의 비전, 재무 상태, 사업 전략 등을 전달하는 커뮤니케이션 활동. 스타트업 업계에서는 투자 유치 활동 전반피칭, 발표 자료 준비, 투자자 미팅 등을 통칭한다.

의 방향을 급히 수정해야 했다. 이 사례는 기획에서 이해관계자를 파악하는 일의 중요성을 보여준다. 특히, 그들의 니즈를 구체적으로 확인하는 일은 성공적인 기획의 기초다. 그러나 많은 기획자들은 자신의 아이디어나 목표에 몰두한 나머지, 이해관계자의 우선순위나 긴급한 과제를 놓치곤 한다.

앞선 CPO 역시 자신이 담당하는 제품의 과제만을 바라봤고, 대표의 시급한 목표를 고려하지 못했다. 이처럼 단절된 접근 방식은 제품의 완성도는 높일 수 있을지 몰라도, 투자 유치 실패와 같은 조직 차원의 손해를 야기할 수 있다. 더 나아가 이해관계자의 니즈를 읽지 못하는 좁은 시야는 조직 내 갈등의 주요 원인이 되기도 한다.

이해관계자의 니즈를 정확히 파악하고 전략에 반영한 좋은 사례로는 인테리어 플랫폼 오늘의집을 들 수 있다. 이들은 초기 단계에서 고객 유입에 성공한 뒤, 각 이해관계자의 니즈를 정확히 파악해 전략에 반영했다.

- 고객: 집을 꾸미고 싶은 사용자들은 실생활 인테리어 사례를 보고 싶어 했고, 제품 정보와 시공 정보까지 알고 싶어 했다.

→ 오늘의집은 인테리어 후기 공유와 상품 구매를 하나의 흐름으로 묶어 플랫폼을 구성했다. 사용자 리뷰로 신뢰도를 높였고, 이는 트래픽 증가와 상품 판매 확대라는 두 가지 효과로 이어졌다.

• 파트너사·중소형 인테리어 업체: 플랫폼을 통해 수익을 창출하고자 했다.

→ 입점 업체에게 광고 상품과 브랜드 노출 기회를 제공해 신규 고객 유치를 도왔고, 이는 콘텐츠 활성화와 거래량 증가로 이어졌다.

• 대표: 투자 유치 이후 실질적으로 작동하는 비즈니스 모델이 필요했다.

→ 론칭 초기에는 MAU* 확대와 트래픽 확보에 집중했고, 투자 유치 이후에는 구매 전환 실험과 검증을 통해 실매출 증대를 이뤄냈다.

이해관계자의 니즈를 파악하려면 다음 질문을 던져야 한다.

이해관계자들은 지금 어떤 상황에 놓여 있는가?

---

* 월간 활성 사용자 수. 사용자의 제품 접속 빈도를 분석하는 주요 지표.

그들에게 가장 시급한 과제는 무엇인가?

그들의 성과는 어떤 기준으로 평가되고 있는가?

영업팀의 분기 목표를 이해해야, 필요한 과제를 기획에 반영할 수 있다. 개발팀의 현황을 파악하면 과도한 요구가 아닌 실현 가능한 스펙을 설계할 수 있다. 대표가 투자 유치를 계획 중이라면, 투자자가 중요하게 여기는 프로덕트 지표에 집중할 수 있다. 기획의 성공은 '누구를 위해 무엇을 바꿀 것인가'를 정확히 이해하는 데서 시작된다. 현실에서 작동하며 이해관계자의 니즈를 충족시키는 기획. 그것이 좋은 기획이다.

목표 달성을 위해
꼭 움직여야 하는
사람은
누구일까?

이해관계자를 동시에 만족시키고자 하는 것은 오히려 기획을 어렵게 만드는 요인이 된다. 성공적인 기획은 가장 먼저 성패를 가를 핵심 이해관계자를 정의하는 데서 시작된다. 이들의 행동 변화 없이는 아무리 훌륭한 기획이라도 실현되기 어렵다. 그러므로 기획의 핵심은 목표 달성에 가장 큰 영향을 주는 핵심 이해관계자를 명확히 식별하고, 그들의 행동 변화를 이끌어 내는 것에 달려 있다.

이를 보다 구체적으로 이해하기 위해 광고 대행사의 사례를 들여다보자. A 대행사의 기획자는 스포츠 브랜드의 신제품 런칭 캠페인을 맡게 되었다. 그는 광고주와 소비자 모두를 만족시키는 크리에이티브를 만들고자 했다. 광고주는 제품의 기능성과 혁신성을 강조하길 원했고, 소비자는 트렌디한 이미지를 기대했다. 기획자는 두 가지 요구를 모두 담으려 노력했지만, 결과적으로는 어느 쪽도 만족시키지 못했다. 제품 기능은 제대로 전달되지 않았고, 소비자에게 어필할 만한 감각적인 요소도 부족했다.

반면 B 대행사의 기획자는 먼저 이 캠페인의 핵심 의사결정권자는 광고주라는 점을 명확히 정의했다. 자신이 기획한 캠페인이 광고주의 선택을 받아야만 실행될 수 있다고 판단에서였다. 이에 따라 광고주의 비즈니스 목표인 제품 차별화를 통한 판매 증대에 초점을 맞추고, 그 안에서 소비자의 니즈를 반영하는 방법을 고민했다. 결과적으로 제품의 혁신성을 매력적으로 어필하며 소비자의 라이프스타일과도 공감대를 형성했다. 캠페인은 광고주와 소비자 모두에게 호평을 받았고, 실제 매출 증대로도 이어졌다. 핵심 이해관계자의 니즈에 집중하되, 그 안에서 다른 이해관계자의 니즈까지 아우를 수 있었기에 가능한 결과였다.

IT 서비스 기획에서도 비슷한 사례를 찾아볼 수 있다. C사는 새로운 이커머스 플랫폼을 론칭하며 구매자 경험을 개선하는 다양한 기능을 탑재했다. 그러나 정작 플랫폼에 입점한 판매자들의 반응은 냉랭했다. 상품 등록과 관리 프로세스가

지나치게 복잡했고, 수수료 체계 역시 판매자에게 불리하게 설계되어 있었다. 판매자들의 불만은 곧 플랫폼 내 상품 다양성 부족으로 이어졌고, 이는 다시 구매자 경험 저하로 연결되는 악순환을 초래했다.

D사는 이와 달리 판매자 관점에서 기획을 진행했다. 그들은 '플랫폼의 성장은 판매자들의 활발한 상품 등록 활동이 결정한다'는 원칙 하에, 상품 등록부터 판매, 정산에 이르기까지 판매자 여정 전반의 편의성을 개선하고 효과적인 수수료 체계를 마련하는 데 집중했다. 또한 판매자 교육과 마케팅 지원 프로그램도 함께 운영하여 이들의 성공을 돕고자 했다. 그 결과 D사의 플랫폼은 판매자 만족도가 높아지며 상품 등록이 활발해졌고, 이는 구매자들에게도 입소문이 퍼지며 빠르게 성장할 수 있는 선순환 구조를 만들어냈다.

D사는 플랫폼 비즈니스에서 판매자를 핵심 이해관계자로 정의하고 집중한 전략으로 성공을 이끌어냈다. 이처럼 목표 달성에 가장 큰 영향을 미치는 핵심 이해관계자를 명확히 정의하는 것은 기획의 성공 가능성을 한층 높여준다. 단, 주의해야 할 점은 핵심 이해관계자에만 몰두하여 다른 이해관계자를 배제하는 일은 피해야 한다.

핵심 이해관계자를 중심에 두되, 동시에 다른 이해관계자들의 니즈도 조화롭게 반영하는 균형 감각이 필요하다. 마치 퍼즐을 맞출 때 중요한 조각을 먼저 찾아 배치한 뒤, 이를 중심으로 주변 조각들을 하나씩 맞춰가면서 전체를 완성해 나가는 것처럼. 중요도에 따라 이해관계자들을 단계별로 정의하고, 그에 맞는 해법을 하나씩 만들어가다 보면 어느새 모두가 만족하는 기획안에 도달하게 된다.

기획자의 질문법 ▲

결국 우리는
누구의 문제를
해결해야
할까?

기획자들의 가장 큰 실수는 고객타겟을 지나치게 넓게 정의하는 데 있다. 예를 들어, 20～40대 직장인 전체 혹은 디지털 기기를 사용하는 모든 사람으로 범위를 정하거나, SNS를 자주 사용하고 트렌드에 민감한 MZ세대와 같이 피상적이고 모호한 특성만 나열하기도 한다.

기획의 출발점은 '누구의 문제를 해결할 것인가?' '누구의 행동 변화가 가장 큰 영향을 미칠 것인가?'를 결정하는 데 있다는 점을 다시금 인식할 필요가 있다. 즉 고객 역시, 문제 해결의 우선순위가 높고, 행동 변화의 파급력이 큰 핵심 고객으로 정의해야 한다.

네이버에서 PC용 프리웨어 다운로드 서비스를 기획했던

경험은 핵심 고객 설정의 중요성을 잘 보여준다. 당시 프로젝트팀은 먼저 서비스 이용자들의 특성을 세밀하게 분석했다. 그 결과, 전체 사용자 중 가장 높은 비중을 차지하면서도 컴퓨터 사용에 익숙하지 않아 어려움을 겪는 20대 초중반의 컴맹 사용자들이 눈에 들어왔다. 물론 PC 환경에 익숙한 사용자들도 있었지만, 다수의 사용자가 공통적으로 겪는 문제를 해결하는 것이 최우선이라는 판단이었다.

명확한 핵심 고객 설정은 서비스의 차별화 포인트로 직결되었다. 프로젝트팀은 이들의 사용 패턴을 분석한 뒤, 불필요한 복잡성을 줄이는 데 집중했다. 사용자가 이미 알고 있는 프로그램은 첫 화면의 다운로드 버튼을 통해 바로 받을 수 있도록 설계했고, 32bit와 64bit처럼 전문적인 선택이 필요한 경우에는 시스템이 자동 추천하는 기능을 추가했다. 설치 전 스크린샷을 제공해 내용을 미리 확인할 수 있게 한 것도 이러한 배려의 일환이었다. 결과는 빠르게 나타났다. 3개월 만에 신규 방문자 수가 30% 이상 증가했다. 핵심 고객을 날카롭게 이해한 덕분이었다.

그렇다면 효과적인 핵심 고객 선정을 위해 어떤 질문을 던져야 할까?

- 이 기획의 가장 큰 고객층은 누구인가?

  → 가설을 세우고 실제 데이터로 검증해 가장 큰 영향력을 발휘할 수 있는 고객층을 파악한다.

- 누구의 문제가 가장 긴급한가?

  → 다수가 불편을 겪더라도 특히 시급하게 해결해야 할 고객 그룹이 존재한다.

- 이들을 만족시키면 다른 고객도 따라올 것인가?

  → 특정 그룹의 문제 해결이 다른 고객층에게도 긍정적 영향을 줄 수 있는지 고려한다.

- 우리가 이 고객의 문제를 효과적으로 해결할 수 있는가?

  → 우리의 역량과 자원을 감안했을 때 실현 가능한 과제인지 냉정히 판단해야 한다.

서비스의 속성에 따라 핵심 고객은 단일 그룹이 아닐 수도 있다. 대표적인 예가 배달 앱이다. 음식 주문을 하는 고객과 주문을 받는 음식점 사장님이라는 두 개의 핵심 고객 축이 존재한다. 주문 고객은 편리한 주문과 빠른 배달을, 사장님은 더 많은 주문과 매출 증대를 원한다. 이처럼 다면적 시장에서는 각 집단의 니즈를 동시에 고려하고 충족시켜야 한다.

핵심 고객을 좁히는 일이 때로는 더 많은 고객층을 포기하는 것처럼 느껴질 수 있다. 하지만 역설적이게도 가장 중요한 고객 집단의 대표적인 사용자를 깊이 이해하고 그들의 문제를 해결할 때 훨씬 더 큰 성공을 거둘 수 있다. 그래서 많은 기획자들이 사용자 속성과 니즈를 구체화하기 위해 '페르소나' 기법을 활용한다.

페르소나는 우리 제품의 대표 사용자를 가상의 인물로 구현한 모델로 인구통계학적 특성, 행동 양식, 선호도, 목표 등을 기반으로 고객의 맥락을 정리한 구조다. 이를 통해 팀은 동일한 고객 이미지와 사고의 기준점을 공유하며, 사용자 중심의 설계를 보다 효과적으로 수행할 수 있다.

그렇다면 실제에 가까운 페르소나는 어떻게 만들 수 있을까? 설문과 인터뷰 같은 정성적 접근과 웹 로그, 구매 이력 같은 정량적 데이터 분석을 함께 활용해야 한다. 이 두 축을 교차하면 사용자의 행동뿐 아니라 그 이면의 심리와 동기까지 입체적으로 파악할 수 있다.

이렇게 만들어진 페르소나는 단순한 문서가 아니라, 우리가 대화하고 설득해야 할 '살아 있는 고객'처럼 작동한다. '김지은 대리는 이 기능을 좋아할까?' '박민수 씨라면 이 화면에서 헤맬 것 같은데?' 같은 질문을 던지는 순간, 기획은 더 현실감 있는 방향으로 나아간다.

핵심 고객에 대한 명확한 정의와 깊이 있는 이해는 기획자의 가장 중요한 출발점이다. 이 나침반을 따라 한 걸음씩 나아가다 보면, 기획은 점점 더 견고한 방향으로 정제된다.

Framework for Asking Questions '페르소나 기법'

페르소나는 사용자의 특성과 맥락을 이야기로 구조화하는 프레임워크다. 핵심은 '이 사람이 우리 제품을 왜, 어떻게 사용하는가'를 구체적인 이야기로 만들어내는 데 있다. 이를 통해 사용자의 요구와 페인포인트를 기반으로 제품 방향성과 기능 우선순위를 결정할 수 있다.

예를 들어, 모바일 앱을 개발할 때 어떤 기능을 먼저 구현해야 할지 고민될 경우, 페르소나가 판단 기준이 된다. 디자이너, 엔지니어, 마케터처럼 각기 다른 관점을 가진 팀원들도 같은 페르소나를 공유함으로써 사용자에 대한 공감대를 형성할 수 있고, 제품 개발의 방향성을 일관되게 유지하는 데도 도움이 된다.

좋은 페르소나는 정량적 데이터와 정성적 인터뷰를 교차해 수

집한 인사이트로 완성된다. 행동 로그나 사용 이력처럼 눈에 보이는 데이터뿐 아니라, 감정과 성격 같은 심리적 특성까지 함께 반영해야 사용자 모델이 실제와 가까워진다.

B2C 페르소나 시트

아래는 대표적인 핵심 고객을 페르소나 형태로 구체화한 예시다. 많은 기획자들이 페르소나 작성 자체에 초점을 맞추는 실수를 한다. 하지만 중요한 건 템플릿을 채우는 것이 아니라, 실제 사용자의 맥락과 감정을 생생하게 담아내는 데 있다.

기본 속성	업무 특징
• 이름: 박민지 • 성별: 여성 • 나이: 28세 • 거주지역: 서울 성수동 • 가족구성: 1인 가구 (자취, 반려식물 3개 키움) • 연수입: 약 3,200만 원 • 학력: 4년제 대학교 광고홍보학과 졸업 • 직무: 마케팅 대행사 AE(Account Executive) • 회사 규모: 30인 이하 • 근무형태: 오피스 100%, 회의 많고, 야근 잦음	• 3~5개 프로젝트를 동시에 운영 • 회의 중 실시간으로 메모를 하고 있고, 회의 후 정리 시간 부족함 • 클라이언트 커뮤니케이션이 잦고 즉답을 요구받음 • 회의록 정리/공유 업무에 시간 과다 소모 • 클라이언트나 팀장에게 요약 보고할 일이 많음 • 회의 내용 누락 또는 중복으로 인한 실행 혼선 잦음

페인 포인트	필요한 것
• 회의가 너무 많고 기록이 분산되어 있음 • 메모해둔 내용과 회의 실제 흐름이 어긋남 • 중요한 논의가 묻혀, 결국 회의를 다시 잡는 상황 반복 • 회의록을 '내가 다 써야 해?'라는 압박감 • 정작 중요한 일보다, 기록 정리에 더 많은 시간을 빼앗김	• 회의 자동 녹음 및 요약, 핵심내용 자동 정리 • 액션아이템, 결정사항 자동 추출 • 공유 가능한 깔끔한 회의록 포맷 • 회의 후 별도 정리 없이 즉시 공유 가능한 시스템

행동 속성

• 취미: 전시회 관람, 필름 카메라로 일상 기록, 재즈 플레이리스트 수집

• 휴일 루틴: 브런치 → 산책 → 노트북 카페 작업 (사이드 프로젝트 준비 중)
• 소비 성향
  • 효율에 돈 쓰는 걸 아까워하지 않음
  • 앱 구독, 생산성 툴, 온라인 클래스에 적극 투자
• 최근의 고민
  • 일은 많은데 체계가 없어 항상 허덕임
  • 매번 같은 문제로 혼자 애쓰는 기분
  • 퇴근 후 사이드 프로젝트에 집중할 에너지가 없음
• 정보 접점
  • 인스타그램, 유튜브(브이로그 + 워크툴 리뷰)
  • Notion, ChatGPT, 브런치, 퍼블리 정기구독
  • 생산성/자기계발 툴 관련 뉴스레터 수신

자유 기술 상태

• 경력: 입사 3년 차, 실무 감각은 빠르지만 체계적 툴이 없어 반복에 지침
• 취향/행동 특징
  • 깔끔한 정리에 집착하는 편이지만, 실제로는 늘 시간에 쫓김
  • 나만의 워크플로우를 만들고 싶어 하는 욕구 강함
  • 성격은 빠릿하지만, 감정기복 있을 땐 일 몰입이 어려움
  • 팀보다는 개인의 역량에 많이 의존하는 조직 문화에 피로감을 느낌

겉으론
말하지 않지만
정말 원하는 건
무엇일까?

핵심 고객을 정의했다면 이제 그들이 진정으로 원하는 것을 깊이 들여다볼 필요가 있다. 많은 기획자들이 눈에 보이는 장점이나 피상적인 피드백에만 집중해 기획이 기대한 결과를 내지 못하는 경우가 많다. 그러나 성공적인 기획은 그 이면에 있는 진짜 문제와 근본적인 욕구를 정확히 짚어내는 데서 시작된다.

이처럼 핵심 고객의 단편적인 니즈에만 몰두하면 기획은 기대한 성과를 내지 못할 수 있다. 이제 실제 사례를 통해 본질적인 니즈에 도달하지 못했을 때 어떤 일이 일어나는지 살펴보자. 특히 스타트업이 성장하면서 맞닥뜨리는 비즈니스 모델 확장 과정에서 이런 관점은 더욱 중요하다.

2016년, 요기요는 음식 배달 시장에서의 급성장을 바탕으로 테이크아웃 서비스라는 새로운 BM을 시도했다. 기존 음식점 네트워크를 활용할 수 있고, 음식이라는 동일한 카테고리를 다루기 때문에 테이크아웃 서비스 역시 충분히 승산이 있어 보였다. 그러나 배달과 테이크아웃은 고객이 인지하는 본질적인 속성이 다르다는 점이 빠져 있었다. 이를 확인하기 위해 경영진은 간단한 형태의 실험용 MVP Minimum Viable Product 서비스를 만들어, 강남과 관악구 일대에서 시범 운영을 시작했다. 그러나 기대만큼의 반응은 나오지 않았고, 프로젝트는 조용히 종료됐다.

이 실패의 핵심 원인은 고객이 원하는 가치를 정확히 이해하지 못한 데 있었다. 한 개발자가 만든 주문 분포도를 분석한 결과, 수도권 내 오피스권뿐만 아니라 대학가 하숙촌, 산업단지 원룸촌에 주문이 집중된 현상을 포착했다. 이후 상담팀과의 대화를 통해 혼자 사는 직장인과 자취생, 퇴근한 생산직 근로자들이 주요 고객층이라는 것이 확인되었다. 요기요의 핵심 고객은 단순한 주문자가 아니라, 시간이 부족하고 간편한 식사를 원하는 1인 가구였다. 테이크아웃은 고객의 핵심 니즈와 맞지 않았고, 오히려 더 많은 노력을 요구한 결과가 되었다. 당시 경쟁사들이 시도했던 반조리 식품, 신선

식품, 꽃 배달 서비스가 성과를 내지 못한 것도 같은 맥락에서 해석할 수 있다.

물론 최근에는 배달비 상승과 고객층 확대 등으로 인해 테이크아웃 수요가 달라졌을 수 있다. 그러나 초기 스타트업 단계에서는 기존 고객의 근본적인 욕구를 기반으로 서비스를 확장하는 것이 훨씬 더 안전하다.

고객의 본질적인 니즈를 정확하게 포착하고 성공적으로 해결한 사례로는 넷플릭스의 개인화 추천 시스템과 에어비앤비의 호스트·게스트 간 경험 개선이 있다. 넷플릭스는 사용자 데이터를 분석하여 개인 맞춤형 콘텐츠 추천 시스템을 도입했다. 초기에는 인기 있는 콘텐츠를 추천하는 방식이었지만, 점차 고객의 시청 패턴과 선호도를 분석하여 각 사용자에게 최적화된 콘텐츠를 제공하는 방식으로 발전했다. 이 과정에서 넷플릭스는 고객이 원하는 것이 인기 콘텐츠를 소비하는 것이 아니라, 자신에게 맞는 콘텐츠를 빠르게 찾아 편하게 휴식을 즐기는 것이라는 점을 파악했다.

에어비앤비는 호스트와 게스트 간 원활한 소통을 위해 다양한 기능을 도입했다. 예를 들어, 호스트가 게스트의 요구 사항을 미리 파악할 수 있도록 체크리스트를 제공했고, 게스트가 숙소를 예약하기 전에 호스트와 직접 대화할 수 있는 기능도 마련했다. 이러한 개선을 통해 고객은 자신이 원하는 조건에 맞는 숙소를 보다 쉽게 찾을 수 있었고, 결과적으로 안전하고 편안한 색다른 여행 경험이라는 핵심 니즈를 충족할 수 있었다.

이처럼 성공적인 기획은 핵심 고객의 근본적인 욕구를 발견하고, 이를 해결하는 데서 시작된다. 고객의 입장에서 문제의 본질을 꿰뚫어 볼 수 있을 때, 비로소 의미 있는 성과를 만들어낼 수 있다.

우리가 발견한 니즈가 정말 중요한 문제일까?

핵심 고객의 니즈를 파악했다면, 그것이 정말 중요한 문제인지 확인하는 과정이 필요하다. 겉으로 드러난 요구사항이 실제 행동을 결정짓는 근본 욕구와 일치하지 않을 수도 있기 때문이다. 만약 충분한 검증 없이 섣불리 판단한다면 기획이 실행된 후 실패로 이어질 위험이 커진다.

삼성전자에서 스마트 TV의 브라우저 서비스를 담당했던 경험은 니즈 검증의 중요성을 잘 보여준다. 당시 TV 브라우저는 신입사원이 담당할 정도로 관심이 적은 서비스였다. 그러나 데이터 분석 결과, 삼성전자 TV 앱 중 글로벌 3위에 해당한다는 사실이 드러났다. 이에 'TV 브라우저 이용자들의 핵심 니즈가 TV 이용 목적과 동일한 동영상 시청이 아닐까?'라는 가설을 세웠다.

고객 정보를 직접 확보하기 어려운 상황이었기 때문에, 우리는 이용자들이 입력한 익명의 URL 데이터를 분석했다. 국가별로 가장 많이 접속한 사이트를 추출한 결과, 상위에 동영상 서비스들이 포함되어 있었다. 이는 TV 브라우저 이용자의 주요 니즈가 웹 서핑이 아니라, 동영상 시청이라는 점을 확인시켜주는 중요한 증거였다. 이후 이 분석을 기반으로 서비스를 개선했고, TV 브라우저는 보다 강력한 TV의 핵심 기능으로 자리매김할 수 있었다.

아마존 프라임 역시 고객 니즈 검증의 중요성을 보여주는 대표적인 사례다. 아마존은 구매 패턴, 배송 불만, 고객 서비스팀 피드백 등 다양한 루트를 통해 데이터를 수집하고 분석했다. 그 결과 고객들이 빠른 배송과 무료 배송에 강한 니즈를 가지고 있다는 사실을 발견했고, 이를 바탕으로 워킹 백워드Working Backward 방식으로 프라임 서비스를 기획했다. 이 방식은 먼저 가상의 보도자료와 FAQ를 작성하고, 고객 경험을 시각화해 최종 결과물을 구상한 뒤, 그에 맞게 역설계하는 방식이다. 아마존은 이를 통해 프라임 서비스를 성공적으로 출시했고, 고객의 충성도를 높이는 핵심 경쟁력으로 자리 잡을 수 있었다.

핵심 고객의 니즈를 검증할 수 있는 효과적인 방법은 크게 세 가지로 나눌 수 있다.

첫째, 데이터 분석이다. 고객의 실제 행동 패턴을 분석하면 주문 시간대, 위치, 반복 구매율 등을 통해 말로 표현되지 않은 고객의 니즈를 파악할 수 있다. 요기요 사례에서 주문이 몰리는 시간대와 지역을 분석해 고객의 생활 패턴을 유추했던 것처럼, 삼성전자도 URL 데이터를 통해 고객이 원하는 기능이 웹서핑이 아닌 동영상 시청이라는 사실을 포착해냈다. 이런 데이터는 고객이 말하지 않아도 보여주는 단서다. 기획자는 이 신호를 정확히 해석하는 감각을 갖춰야 한다.

둘째, 현장 관찰이다. 고객이 실제로 서비스를 사용하는 모습을 눈으로 직접 확인하고, 가능하다면 고객과 동일한 환경을 체험해보는 것이 좋다. 사용자 인터뷰나 실사용 영상 분석 등은 데이터로는 잡히지 않는 미묘한 불편이나 니즈를 발견하는 데 도움이 된다. 특히 유사 고객군을 관찰하면 행동뿐 아니라 숨겨진 감정 변화까지 읽을 수 있다.

셋째, 고객과 가장 가까운 이해관계자들의 의견을 듣는 것이다. 고객을 응대하는 CS팀, 실제 사용 환경을 아는 파트너사,

제품 개발과 마케팅을 실무에서 담당하는 내부 구성원들의 통찰은 매우 유의미하다. 이들은 고객의 피드백을 실시간으로 접하고, 무엇이 효과 있었는지, 어떤 점이 개선되어야 하는지를 누구보다 잘 알고 있다.

기획이 성공하려면 고객이 말한 요구나 겉으로 드러난 장점만 그대로 담는 것으로는 충분하지 않다. 다양한 관점과 데이터를 바탕으로, 고객이 정말로 원하는 것이 무엇인지 깊이 들여다보고, 그에 맞는 현실적인 전략을 찾아야 한다.

데이터 분석, 현장 관찰, 이해관계자 인터뷰. 이 세 가지를 균형 있게 활용해야 진짜 핵심 니즈에 도달할 수 있다. 그리고 그 위에야말로 성공적인 기획이 설 수 있다.

실행을 위한

위한

질문

ASK ——— BETTER
THINK ——— DEEPER
PLAN ——— SMARTER
LEAD WITH QUESTIONS

▼

이 아이디어는
정말
효과가 있을까?

좋은 아이디어는 고객의 가치를 높이고, 동시에 비즈니스 목표 달성에 기여한다. 고객 중심적 사고와 비즈니스 맥락에 대한 이해가 조화를 이룰 때, 비로소 실행 가능한 의미 있는 아이디어가 탄생하는 것이다.

이 원칙을 적용한 사례로 삼성전자의 TV 브라우저 개선 프로젝트를 들 수 있다. 당시 프로젝트를 맡았던 나는 무엇보다 고객의 정확한 니즈를 파악하는 것이 중요하다고 판단했다. 이를 위해 이용자들이 입력한 URL 데이터를 면밀히 분석했고, 뉴스, 영화, 드라마, 성인 사이트에서의 동영상 시청이 주요 니즈임을 발견했다. 고객들이 TV 앱이 제공되지 않는 사이트의 콘텐츠를 더 큰 화면과 고화질로 보고 싶어 한다는 숨은 욕구도 함께 포착했다.

이러한 인사이트를 바탕으로 우리는 세 가지 아이디어를 도출했다. 첫째, 국가별 인기 동영상 사이트를 추천하는 기능을 브라우저 첫 화면에 추가했다. 둘째, 최근 많이 본 사이트 기능을 탭 형태로 구성해 고객의 재방문을 유도했다. 셋째, 앱이 없는 사이트라도 홈 화면에서 접근할 수 있도록 주요 사이트를 앱 타일로 배치했다. 이는 브라우저 기반 서비스의 접근성과 활용도를 높이기 위한 전략이었다.

한편, 사업 부서에서는 전혀 다른 관점에서 아이디어를 모색해야 했다. 내가 들었던 사례에 따르면, 한 임원은 스마트 TV 초기 화면에 광고 슬롯을 신설해 미국 대형 방송사에 판매하는 전략을 추진했다. 삼성전자가 미국 시장에서 점유율이 높다는 점을 활용한 이 전략은 실제로 광고 매출 증대로 이어졌다.

TV 브라우저 개선안은 사용자 만족도와 이용률을 높였고, 광고 슬롯 신설은 플랫폼 매출을 키우는 데 기여했다. 이 사례는 각 부서의 핵심 고객이 달라도 각자의 니즈를 제대로 이해하고 풀어내면 비즈니스에서 시너지가 날 수 있다는 걸 보여준다. 결국 중요한 건 누구의 행동을 바꿔야 할지 정확히 짚고, 거기에 맞는 현실적인 해결책을 찾는 일이다.

스타벅스의 맞춤형 음료 서비스도 유사한 맥락에서 주목할 만하다. 스타벅스는 고객들이 자신만의 특별한 음료를 원한다는 점에 착안해 다양한 메뉴 옵션과 커스터마이징 기능을 제공했다. 여기에 모바일 앱을 통한 사전 주문과 결제 시스템까지 도입하며, 고객 경험을 극대화했다. 그 결과 고객 만족도는 물론 객단가와 매출 모두 상승했다. 축적된 고객 데이터를 활용한 마케팅과 프로모션 전략은 선순환 구조를 만들어냈다.

이 사례는 고객 니즈를 분석하고 이를 혁신적 서비스로 구현하는 것이 경쟁력을 확보하는 핵심 전략임을 보여준다. 새로운 아이디어를 내는 것이 아니라 그 아이디어가 고객의 본질적인 욕구를 해결하고 비즈니스 성과와 연결되어야 한다.

기획자는 창의성만이 아니라 고객 니즈와 비즈니스 임팩트를 통합적으로 고려하는 사고방식을 가져야 한다. 주어진 맥락 속에서 가장 중요한 고객이 누구인지, 그들의 문제를 해결함으로써 어떤 성과를 낼 수 있는지를 끊임없이 자문하는 태도가 중요하다. 때로는 핵심 고객을 재정의하거나 더 세분화하는 통찰도 필요하다. 상황에 따라 같은 고객도 니즈가 달라질 수 있다는 점을 잊지 말아야 한다.

이러한 관점에서 아이디어 도출을 위한 질문은 다음과 같이 정리할 수 있다.

이 아이디어는 어떤 고객의 어떤 니즈를 해결하는가?
이 아이디어는 비즈니스 목표 달성에 얼마나 기여하는가?
이 아이디어로 인해 예상치 못한 고객 니즈가 발생하진 않을까?
같은 고객이라도 상황에 따라 니즈가 어떻게 달라질 수 있을까?

아이디어는 언제나 핵심 고객과 그들의 니즈에서 출발하고, 그곳으로 돌아온다. 창의적 영감은 중요하지만, 그보다 더 중요한 것은 고객 중심과 비즈니스 임팩트라는 두 축을 끝까지 붙드는 일이다. 기획은 독창적인 아이디어를 내는 것이 아니라, 고객 가치를 극대화하고 동시에 비즈니스 성과를 만드는 여정이다.

고객이
실제로 해야 하는
행동은
무엇일까?

새로운 기획이나 아이디어를 생각할 때, 우리는 종종 솔루션에만 집중하는 함정에 빠진다. '이런 기능을 추가하면 어떨까?' '저런 캠페인을 진행하면 좋겠다'는 식의 발상은 분명 창의적이고 중요해 보인다. 그러나 이 같은 접근은 자칫 기술이나 기능 자체에만 집중하게 만들어 정작 해결해야 할 문제의 본질을 놓치는 위험이 있다.

기획에서 가장 중요한 것은 고객의 행동이다. 아무리 신선한 아이디어라도, 고객이 실제로 반응하지 않으면 의미 있는 성과로 이어지지 않는다. 우리의 솔루션은 고객을 움직이는 촉매제가 되어야 한다. 고객의 행동이 바뀌는 그 순간 의미 있는 결과가 생긴다.

핵심 고객이 실제로 취해야 할 행동은 무엇인가?

예를 들어, 스마트 TV 실행 화면에 광고 슬롯을 배치하자는 아이디어를 생각해보자. 참신한 제안이었지만, 그것만으로는 매출 증대를 담보할 수 없다. 진짜 성과를 내려면 광고주가 이 광고를 구매해야 한다. 광고 슬롯을 노출하는 것에서 나아가 광고주가 가치를 인식하고 구매 결정을 내리도록 전략적으로 구조화된 설계가 필요했다. 광고 노출 방식, 타깃팅, 시간대 설정 등은 모두 광고주의 행동 변화를 유도하기 위한 수단이었다.

페이스북의 사례도 인상적이다. 이 플랫폼이 폭발적으로 성장할 수 있었던 이유는 친구 추가라는 사용자의 핵심 행동을 촉진했기 때문이다. 지인 추천, 연락처 동기화 기능 등은 모두 이 핵심 행동을 강화하기 위해 설계되었고, 결과적으로 사용자 간 연결망은 빠르게 확장되었다.

주목할 점은 이 행동이 페이스북의 핵심 가치와 연결되는 아하 모먼트Aha Moment를 만들어냈다는 사실이다. 친구를 추가하고 소식을 주고받는 순간, 사용자는 페이스북의 진짜 가치를 직관적으로 경험하게 된다. 즉 본질적인 서비스 가치를 체감하게 되는 결정적 계기를 맞게 되는 순간이다.

이처럼 기획의 본질은 기능 추가나 캠페인 설계에 머무르지 않는다. 핵심 고객의 행동 변화를 어떻게 이끌어낼 것인지, 그 행동을 통해 고객이 서비스의 가치를 어떻게 체험하게 할 것인지 정교하게 설계하는 과정이 핵심이다. 그 행동이 서비스의 본질적 가치와 맞닿아 있는 아하 모먼트로 연결되도록 치밀하게 계획해야 한다. 이를 위해 기획자는 다음과 같은 질문을 던지는 태도를 가져야 한다.

우리 서비스의 목표 달성을 위해 고객은 어떤 핵심 행동을 취해야 할까?

그 핵심 행동을 통해 고객은 어떤 가치를 경험하게 될까? 그것이 우리 서비스의 핵심 가치와 어떻게 연결되어 있을까?

고객의 핵심 행동을 촉진하기 위해 우리가 해야 할 일은 무엇일까?

이 질문에 답하는 순간, 기획은 단순한 아이디어 나열을 넘어 고객 행동과 가치 경험을 설계하는 전략으로 바뀐다. 고객의 행동을 바꾸는 것, 그게 곧 비즈니스 성과로 가는 가장 빠른 길이다. 기획은 처음도 끝도 결국 고객의 행동에서 시작된다는 사실을 잊지 말자.

'아하 모먼트와 AARRR 프레임워크'

제품을 사용하다 보면 '아하!' 하고 무릎을 치게 되는 순간이 있다. 넷플릭스에서 내 취향을 저격하는 콘텐츠를 단 30초 만에 찾았을 때, 페이스북 가입 10일 만에 7명의 친구를 추가하게 되었을 때, 슬랙 워크스페이스에서 2,000개의 메시지가 오가는 생생한 커뮤니케이션을 처음 겪었을 때, 우리는 그 제품의 진짜 매력을 직관적으로 깨닫는다. 이 순간이 바로 아하 모먼트Aha Moment다.

하지만 이 마법 같은 경험은 결코 우연히 발생하지 않는다. 아하 모먼트는 데이터 분석과 사용자 행동 이해를 바탕으로, 치밀하게 설계된 결과다. 제품팀은 사용자가 어떤 경험을 통해 '이 제품 정말 좋다'는 확신을 얻게 되는지를 파악하고, 그 지점까지 이르는 여정을 전략적으로 최적화한다.

이 사용자 여정을 구조화된 시각에서 이해하려면 AARRR 프레임워크를 짚고 넘어갈 필요가 있다. AARRR은 획득Acquisition, 활성화Activation, 재사용Retention, 수익Revenue, 추천Referral이라는 다섯 단계로 구성된 프레임워크로, 사용자 경험의 전 과정을 분석하는 데 유용하다.

이 중에서도 아하 모먼트는 활성화 단계의 핵심이다. 사용자가 제품을 처음 접한 뒤, '이거다!' 싶은 긍정적 경험을 하게 되는 지점이 활성화 단계이며, 바로 그때 제품의 가치를 체감하게 된다. 이 경험이 강렬할수록 이후의 재사용, 유료 전환, 자발적인 추천으로 이어질 가능성도 훨씬 높아진다.

문제는 여전히 많은 기획자와 스타트업들이 사용자 획득에만 몰두하고 있다는 데 있다. 그러나 진정한 성장은 아하 모먼트를 얼마나 정교하게 설계하고 증폭시키느냐에 달려 있다. 우버는 몇 분 안에 차량을 배정받는 경험을, 넷플릭스는 내가 좋아할 콘텐츠를 정확히 추천받는 경험을, 페이스북은 지인을 추가하며 네트워크가 확장되는 경험을 아하 모먼트로 설정하고 여기에 집중했다.

그렇다면 기획자는 아하 모먼트를 어떻게 발견하고 강화할 수 있을까?

첫째, 제품의 핵심 가치를 명확히 정의해야 한다.

둘째, 사용자 행동 데이터를 면밀히 분석해 아하 모먼트가 발생하는 공통된 패턴을 찾아야 한다.

셋째, 사용자가 그 순간에 도달할 수 있도록 전체 여정을 반복적으로 최적화해야 한다.

기획자가 AARRR 프레임워크와 아하 모먼트를 통합적으로 고려할 수 있다면, 기능을 설계하는 수준을 넘어 고객이 제품에 깊이 몰입하고 충성도 높은 사용자로 전환되는 결정적 순간을 설계할 수 있게 된다. 이 지점이야말로 기획이 비즈니스 성과로 이어지는 분기점이 된다.

아하 모먼트를 명확히 정의한 대표 기업 사례

기업명	아하 모먼트
Slack	팀 내에서 메시지가 2,000개 이상 오갈 때, 사용자는 이 협업 툴의 진짜 가치를 체감한다.
Dropbox	Dropbox 폴더에 첫 파일을 저장 파일을 다른 기기와 동기화해보는 경험을 했을 때, 사용자는 클라우드 저장의 편리함을 인식한다.
Twitter	30명 이상 팔로우한 사용자는 활동이 활발해지며 서비스 이탈률이 현저히 낮아진다.
Facebook	10일 이내에 7명 이상의 친구와 연결되면, 사용자는 소셜 네트워크의 매력을 경험하며 이탈률이 줄어든다.
Toss	가입 4일 이내에 간편 송금을 2회 이상 수행한 사용자의 경우, 서비스 충성도가 95% 이상 유지된다.

그들은
왜
행동해야
할까?

'고객은 우리가 원하는 행동을 왜 해야만 할까?' 이 질문은 기능이나 아이디어를 넘어서, 우리가 진짜로 전달하고자 하는 가치를 묻게 만든다. 기획자는 종종 제공할 기능이나 캠페인 아이디어에 집중하다 보면 그것이 실제 고객의 행동을 얼마나 유도할 수 있을지에 대한 성찰을 놓치곤 한다. 하지만 진짜 기획은 이 질문에서 시작한다. 고객은 왜 이 행동을 해야 할까? 우리가 기대하는 그 행동은 고객의 입장에서 얼마나 의미 있고, 가치 있는 일일까?

예를 들어, 광고주는 왜 우리의 TV 광고 슬롯을 선택해야 할까? TV에서 웹 브라우저를 사용하는 고객은 인터넷 접속이 아닌, 무엇을 기대하고 있는가? 이런 질문은 기획자가 공급자의 시선에서 벗어나 고객의 관점에서 문제를 바라보게 한다. 고객의 환경과 목표, 내면의 동기를 정확히 이해하고 공감하지 못한다면, 그들의 자발적 행동을 이끌어내기 어렵기 때문이다.

TV 브라우저 서비스 기획 당시에도 마찬가지였다. '고객은 왜 TV로 웹 브라우징을 하려 할까?'라는 질문 하나가 서비스 방향을 새롭게 재정의하게 만들었다. 'TV에서도 인터넷을 사용할 수 있다'는 기능 설명이 아니라, 'TV에서도 쉽게 원하는 동영상 콘텐츠에 접근할 수 있다'는 본질적 가치가 핵심이었다. 이를 중심으로 고객 경험을 설계하고, 마케팅 메시지를 구성하자 고객의 자발적인 사용이 뚜렷하게 증가했다.

TV 광고 슬롯 판매 역시 이와 같은 맥락이었다. '왜 광고주는 우리 광고 상품을 선택해야 할까?'라는 질문을 중심에 두고, 그들의 KPI, 기존 광고 채널에 대한 불만, 매체에 대한 요구 조건을 깊이 들여다봤다. 그렇게 수집한 인사이트를 제품 설계와 영업 전략에 반영함으로써, 실질적 계약까지 성사시킬 수 있었다. 광고주 입장에서 충분히 가치 있다고 느낄 수 있어야만, 그들이 행동에 나설 수 있기 때문이다.

우버Uber의 사례도 흥미롭다. 우버는 '왜 사람들은 택시보다 우리 앱을 통해 차량을 호출해야만 할까?'라는 질문을 계속 던졌다. 그리고 그 답을 얻기 위해 택시 이용 시의 불편함부터 대중교통의 한계, 결제 시스템의 번거로움까지 철저히 살폈다. 그 과정에서 고객에게 신뢰와 편리함을 주는 완전히 새로운 모빌리티 경험이 만들어졌고 이는 기존 시장을 뒤바꾸는 혁신으로 이어졌다.

이처럼 '고객은 왜 이 행동을 해야만 할까?'라는 질문은 기능 제안이 아닌, 고객이 진짜 원하는 바를 발견하게 해준다. 우리가 제공하는 제품이나 서비스가 고객에게 어떤 맥락에서, 어떤 방식으로 의미 있는 변화를 만들어낼 수 있는지를 끊임없이 고민하게 해주는 셈이다.

무엇보다 이 질문은 기획 초기에만 필요한 것이 아니다. 기획의 전 과정에서 끊임없이 되새겨야 할 기준이다. 아무리 혁신적인 아이디어라도 이 질문에 대해 명확하고 납득 가능한 답을 내리지 못한다면, 그것은 실행의 설득력을 잃게 된다. 반대로 고객의 행동을 이끌어낼 동기와 맥락이 충분히 뒷받침된다면, 아이디어는 그 자체로 강력한 추진력을 갖게 된다.

이 질문은 기획자의 공감 능력을 높이는 데에도 효과적이다. 고객의 입장에서 생각하고, 그들의 실제 욕구와 행동의 이유를 이해하는 과정은 기획의 완성도를 높이는 데서 끝나지 않는다. 고객과 진심으로 연결되는 가치를 만들어내는 데까지 이어진다. 모든 좋은 기획은 결국 이 질문에서 시작된다.

왜 고객은 이 행동을 해야만 할까?

이 질문은 기획자에게 주어진 주문呪文과도 같다. 끊임없이 되묻고, 그 답을 찾아가는 과정이 쌓일수록, 기획은 기능이나 콘셉트를 넘어 진짜 변화를 만들어내는 전략이 된다. 그러니 늘 이 질문을 가슴에 품고 기획에 임하자. 그때 비로소 우리의 기획은 기능과 아이디어를 넘어서, 고객의 행동을 변화시키고, 삶에 새로운 가치를 더하는 진정한 일이 될 수 있다.

그들이
행동을 하지
않는다면
그 이유는 뭘까?

기획한 서비스나 제품이 성공하려면 사용자들이 우리가 기대하는 핵심 행동을 실제로 수행하는 흐름이 만들어져야 한다. 하지만 현실에서는 우리의 기대와 달리 사용자들이 그 행동을 하지 않는 경우가 적지 않다. 이런 상황을 염두에 두고 기획자는 스스로에게 질문을 던져야 한다. '고객이 핵심 행동을 하지 않는 이유는 무엇일까?' 이 질문은 서비스나 제품이 가진 문제점을 발견하고, 개선의 실마리를 찾는 데 결정적인 인식을 열어주는 역할을 한다.

TV 브라우저 개편 프로젝트 당시, 프로젝트팀은 사용자들이 브라우저를 제대로 활용하지 않을 이유를 분석한 끝에 다음과 같은 가설을 세웠다.

첫째, 사용자들이 애초에 TV에 브라우저가 탑재되어 있다는 사실 자체를 인지하지 못할 가능성이다. TV를 케이블 방송이나 OTT 앱 시청 용도로만 인식한 나머지, 브라우저가 존재를 아예 모르는 경우도 적지 않았다. 둘째, 설령 브라우저의 존재를 알고 있더라도 사용자 경험이 불편할 수 있다. PC처럼 키보드가 아닌 리모컨을 통해 입력해야 하는 구조는 사용자 입장에서 진입 장벽으로 작용할 수 있을 것이다.

둘째, 브라우저 내 추천 콘텐츠가 사용자의 기대에 미치지 못했을 가능성이다. 국가에 따라 선호하는 사이트와 콘텐츠는 다르기 마련인데, 이를 충분히 반영하지 못한 경우 이용 유인이 낮아질 수밖에 없다.

셋째, TV라는 매체의 특성상 가족이 함께 사용하는 만큼 개인의 검색 기록이 노출되는 것에 대한 부담감이 존재할 수 있다. 프라이버시 우려는 브라우저 사용 자체를 기피하게 만드는 요인으로 작용한다.

TV 브라우저팀은 이러한 장애물을 극복하기 위해 다음과 같은 개선 방향을 도출했다.

• 브라우저를 인지하고 손쉽게 접근할 수 있는 방안을

모색한다.

- TV 브라우저의 사용자 특성에 맞는 UX를 제공할 방법을 찾는다.
- 추천 사이트는 저작권 등의 문제가 없으면서 사용자들이 선호할 만한 사이트를 추천할 방법을 찾는다.
- 자신의 브라우징 기록이 가족들에게 노출을 최소화할 방법을 찾는다.

'사용자가 왜 핵심 행동을 하지 않는가?'라는 질문은 단순히 기능을 추가하는 데 그치지 않았다. 사용자가 보다 편리하고 안심하며 브라우저를 이용할 수 있는 환경을 만드는 데까지 이어졌다. 사용자 관점에서 서비스의 문제점을 정확히 포착하고, 그에 맞는 솔루션을 제시함으로써 제품의 완성도를 높이는 방향으로 기획의 초점이 옮겨졌다.

이러한 접근은 초기 스타트업이었던 드롭박스Dropbox의 사례에서도 잘 드러난다. 당시 드롭박스는 파일 동기화와 클라우드 스토리지Cloud Storage*라는 낯선 개념을 기반으로 서비스를 제공하고 있었고, 이로 인해 사용자 확보에 어려움을 겪고 있었다. 사용자들이 서비스를 이용하지 않는 이유를 파악하기 위해 다양한 관찰과 인터뷰를 진행한 결과, 다음과 같은 장벽들을 발견할 수 있었다.

대다수의 사용자들이 클라우드 스토리지가 무엇인지조차 잘 알지 못했고, 그것이 어떤 방식으로 활용되는지에 대한 이해도 부족했다. '파일을 중앙 서버에 업로드하고 이를 다른 기기에서 접근할 수 있게 한다'는 동기화 개념 자체가 너무 생소해서 실제 사용 방법이 불분명하게 느껴졌던 것이다. 이런 상황에서는 기존에 익숙한 USB나 이메일을 통한 파일 공유 방식이 오히려 더 편리하고 안정적으로 느껴지기도 했다.

드롭박스는 이러한 장벽을 허물기 위해 다각도로 전략을 펼쳤다. 우선 클라우드 스토리지와 파일 동기화라는 핵심 가치를 쉽고 직관적으로 전달하기 위해 90초 남짓한 애니메이션 데모 영상을 제작했다. 이 영상은 드롭박스의 주요 기능과 혜택을 간결하게 설명해 고객들의 이해도를 획기적으로 높였고, 진입 장벽을 허무는 큰 역할을 했다. 또한 서비스의 설치와 사용 과정을 최대한 단순화하고 자동화함으로써, 별

---

* 인터넷을 통해 데이터를 저장하고 접근할 수 있는 온라인 저장소이다. 별도의 물리적 저장 장치 없이도 언제 어디서든 파일을 업로드, 공유, 백업할 수 있다. 대표적인 서비스로는 구글 드라이브, 드롭박스, iCloud, AWS S3 등이 있다.

도의 학습 없이도 누구나 직관적으로 서비스를 이용할 수 있도록 설계했다.

드롭박스는 기존 방식과의 차이점과 이를 통해 얻을 수 있는 이점을 강조하는 마케팅 활동도 함께 진행했다. 안전한 저장, 간편한 접근성, 협업 효율성 같은 강점을 강조하며 사용자들에게 '왜 기존 방식을 벗어나 드롭박스를 선택해야 하는가'에 대한 명확한 이유를 제시했다. 이처럼 '왜 사용자는 우리가 기대한 핵심 행동을 하지 않는가?'에 집중한 결과 드롭박스는 빠른 속도로 사용자 저변을 확대할 수 있었다. 특히 단 하나의 데모 영상만으로 수백만의 신규 가입자를 유치하며, 초기 스타트업의 성공 사례로 주목받게 되었다.

'우리가 의도한 행동을 고객이 하지 않는 이유는 무엇일까?'라는 질문은 사용자의 입장에서 제품의 문제를 바라보고 기획 과정에서 놓치기 쉬운 결정적 단서를 발견하게 해주는 강력한 도구다. 따라서 우리는 제품과 서비스 기획의 전 과정에서 이 질문을 끊임없이 되새겨야 한다. 고객의 어려움에 초점을 맞추고, 그들의 행동 패턴을 꼼꼼히 분석할 때 사용자의 진짜 필요를 충족시키는 기획이 가능해진다.

어떻게
행동을
설계할까?

서비스나 제품을 기획할 때 가장 중요한 것은 고객이 우리가 의도한 핵심 행동을 실제로 하도록 만드는 일이다. 아무리 훌륭한 기능과 디자인을 갖췄다 해도 고객이 우리가 의도한 행동을 하지 않는다면 그 모든 기획과 실행은 의미를 잃는다.

앞서 우리는 사용자가 행동을 하거나 하지 않는 이유를 살펴보며, 핵심 행동을 촉진하거나 방해하는 요인에 대한 통찰을 얻었다. 이제는 이 두 가지 요인을 통합적으로 검토하여 '핵심 행동을 유도하기 위해 무엇을 만들어야 하며, 무엇을 해야 할 것인가?'라는 질문으로 나아가고자 한다. 핵심은 사용자 행동에 초점을 맞추는 데 있다. 사용자가 자연스럽게 원하는 방향으로 움직일 수 있도록 구조와 흐름을 정교하게 설계해야 한다.

TV 브라우저의 핵심 목표는 사용자가 브라우저를 통해 손쉽게 동영상을 시청하도록 유도하는 것이었다. 이를 위해 팀은 다음과 같은 과제를 수행했다.

① 사용자가 브라우저를 쉽게 인지하고 접근할 수 있도록 스마트허브 첫 화면에 브라우저 아이콘을 배치했다. 사용자가 브라우저의 존재를 쉽게 인지하고 손쉽게 접근할 수 있도록 했다.

② 자주 찾는 동영상 사이트로 바로 연결되는 퀵 링크 타일을 스마트 TV 초기 화면에 추가하여 브라우저의 노출 빈도를 높였다. 이를 통해 이용 유인을 강화하고, 접근 흐름을 자연스럽게 만들고자 했다.

③ 복잡한 기능은 숨기고, 사용자들이 가장 많이 활용하는 핵심 기능 중심으로 브라우저의 메인 UI 를 구성했다. 이는 브라우저를 처음 접하는 사용자들이 느낄 수 있는 혼란을 최소화하기 위한 전략이었다.

④ 추천 사이트 구성에도 변화를 줬다. 각 국가의 PM들로부터 현지에서 인기 있는 사이트를 추천받아 브라

우저 초기 화면에 반영함으로써, 사용자 선호도가 높은 콘텐츠가 노출되도록 했다.

⑤ 프라이버시 우려를 해소하기 위해 브라우저 첫 화면과 더보기 메뉴에 '방문 기록 전체 삭제' 기능을 추가했다. 이를 통해 가족과 함께 TV를 사용할 때에도 개인 정보 노출에 대한 부담 없이 브라우저를 사용할 수 있도록 했다.

이 모든 작업은 브라우저의 본질적 사용 목적을 자연스럽게 인식시키고, 이용을 방해하는 장벽을 최소화하기 위한 전략이었다.

또 다른 사례로 유튜브의 목표는 사용자 체류 시간을 가능한 한 길게 늘리는 것이었다. 사용자가 한 번 접속하면 오래 머물며 다양한 영상을 시청하게 만드는 것이 핵심이었다. 이를 위해 유튜브는 개인화 추천 알고리즘, 자동 재생 기능, 썸네일 미리보기, 숏폼 콘텐츠 강화, 사용자 참여를 유도하는 UI/UX 설계 등 다양한 기능을 개발하고 끊임없이 고도화해 왔다.

이 두 사례는 우리에게 분명한 메시지를 준다. 핵심 행동과 고객에 대한 통찰, 즉 행동 동기와 장벽이 만나는 지점에서 해법을 찾아야 한다는 점이다.

그렇다면 구체적으로 어떤 질문을 던져야 할까?

첫째, 우리가 유도하는 행동을 이끌어내기 위해 사용자에게 어떤 가치를 전달해야 할까?

둘째, 그 가치를 효과적으로 전달하려면 우리의 프로덕트는 어떤 형태와 기능을 갖추고 있어야 할까?

셋째, 그 가치를 방해하는 장벽은 무엇이며, 이를 어떻게 제거할 수 있을까?

이 세 가지 질문에 대해 진지하게 고민하고, 그에 대한 현실적인 해법을 설계할 때 비로소 사용자의 행동을 변화시키는 기획이 가능해진다. 그리고 그런 기획이 쌓이면 쌓일수록 제품은 시장을 움직이는 힘을 얻게 된다.

기획자는 고객의 행동에 가장 깊이 집중해야 한다. 아이디어를 나열하는 데 그치지 않고 처음부터 끝까지 사용자의 행동이 자연스럽게 흐르도록 여정을 설계하는 데 있다.

이를 위해서는 먼저 사용자에 대한 깊이 있는 이해가 선행될 필요가 있다. 고객이 어떤 상황과 맥락에서 우리 서비스를 필요로 하는지, 어떤 기대를 갖고 있는지 데이터를 통해 면밀히 파악하는 과정이 중요하다. 고객의 실제 행동을 관찰하고 분석하는 일 역시 가볍게 넘길 수 없는 단계다.

만약 고객이 기대한 행동을 하지 않는다면, 그 이유가 무엇인지, 어떤 지점에서 어려움을 겪는지 실증적으로 확인하고, 지속적으로 개선해 나가야 한다. 이런 반복적인 노력과 축적이 쌓여야만 사용자와 제품 간의 유대감이 형성될 수 있다.

기획의 본질은 바로 이 사용자 행동에 있다. 고객이 제품을 통해 의미 있는 경험을 하고, 자신이 원하는 목표를 이룰 수 있도록 설계하고 이끄는 것. 고객의 작은 행동 하나하나를 전체 흐름 안에 설계해 넣는 일, 그것이야말로 기획자에게 주어진 가장 중요한 책임이자 가치다.

우리는 지금
어디에 있고,
고객은 왜
우리를 쓸까?

지금까지는 핵심 고객의 행동을 어떻게 유도할지에 집중했다면, 이제는 시야를 넓혀 수많은 경쟁 속에서 우리가 어떻게 선택받을지를 고민할 차례다. 수많은 경쟁 서비스들 사이에서 우리의 서비스가 어떻게 선택받을 수 있을지를 고민해야 할 시점이다.

영화 <파운더The Founder>에서 레이 크록은 맥도날드 형제의 혁신적인 햄버거 시스템에 매료되어 프랜차이즈 확장을 제안한다. 그러나 사업이 커지면서 자금 문제가 발생했고, 이때 한 사람이 가맹점 부지를 직접 매입하고 점주에게 임대 수수료를 받는 방식을 제안한다. 이 새로운 수익 구조는 안정적인 현금 흐름을 창출했고, 맥도날드는 미국 전역으로 급속히 퍼져 나갔다.

이 장면은 본질적인 질문을 던진다. '고객들이 이미 사용하고 있는 시간과 비용을 어떻게 우리 서비스로 옮겨올 수 있을까?' 결국 사업이란 시간과 비용을 우리 쪽에서 쓰이도록 설계하는 일이다. 그러기 위해서는 분명한 차별화 요소가 필요하다. 맥도날드는 표준화된 맛, 빠른 서비스, 합리적인 가격을 앞세워 기존에 외부에 지불되던 임대료를 자사 시스템 안에서 쓰이게 만들었다. 구조 자체가 곧 경쟁력이 된 셈이다.

시장 상황이나 고객 군이 달라도, 이 본질은 변하지 않는다. 새로운 서비스를 고민할 때는 반드시 경쟁자들을 살펴보고, 그들 사이에서 어떤 틈이 비어 있는지를 관찰해야 한다. 첫 직장이었던 '다모임'에서 이 점을 몸소 배운 적이 있다. 당시 시장에는 아이러브스쿨, 프리챌, 세이클럽 등 잘 알려진 커뮤니티들이 자리하고 있었지만, 정작 10대 중고생들에게 가장 인기를 끈 서비스는 브랜드 인지도가 낮은 다모임이었다.

우리는 물었다. '왜 학생들은 더 유명한 서비스 대신 다모임을 쓰는 걸까?' 그 해답은 커뮤니케이션의 형태와 대상의 차이에 있었다. 당시 커뮤니티 시장을 지인 관계 여부와 소통 방식의 속도라는 두 가지 축으로 나누어 보면 아래와 같이 네 가지 유형으로 정리할 수 있다.

• 비지인 × 정적 커뮤니케이션: 프리챌

프리챌은 관심사 기반의 클럽과 게시판 기능이 강점인 플랫폼이었다. 사용자들은 서로 알지 못하는 상태에서 동일한 주제에 관심을 가지고 모였으며, 텍스트 중심의 비동기 소통을 주로 활용했다. 참여자 간 실시간 대화보다는 정보 축적과 열람에 초점이 맞춰진 구조였다.

• 비지인 × 동적 커뮤니케이션: 세이클럽

세이클럽은 낯선 이들과 실시간으로 대화를 나눌 수 있는 채팅방 기능에 강점을 두었다. 채팅창이 중심에 있는 인터페이스는 당시 10대들에게는 익명성과 즉시성을 동시에 제공해주었고, 빠르게 관계를 형성하고 해소할 수 있는 가벼운 소통의 장으로 기능했다.

• 지인 × 정적 커뮤니케이션: 아이러브스쿨

아이러브스쿨은 동창 게시판과 같은 기능을 중심으로, 오프라인에서 이미 연결된 사람들끼리 온라인 공간에서 정보를 주고받는 구조였다. 주로 과거 학급 친구들이 다시 모이는 공간으로 활용되었고, 실시간 대화보다는 추억을 공유하고 소식을 전하는 데 초점이 맞춰져 있었다.

• 지인 × 동적 커뮤니케이션: 다모임

다모임은 학급 친구나 동아리 친구 등 실제 관계가 있는 지인끼리 실시간으로 소통할 수 있는 기능에 집중한 플랫폼이었다. 특히 당시로서는 드물게 쪽지 기능을 실시간으로 구현해, 지금 바로 친구에게 말을 걸고 반응을 주고받을 수 있는 환경을 제공했다. 이는 스마트폰 메신저가 보편화되기 전 10대 사용자들에게는 상당한 차별화 요소였다.

다모임은 유일하게 지인 간 실시간 소통에 집중하고 있었다. 이는 같은 반 친구처럼 가까운 관계에서 실시간으로 대화하고 싶은 10대들의 욕구를 정확히 짚어낸 지점이었다. 지금의 커뮤니케이션 서비스도 이 흐름을 그대로 따른다. '지인 관계인지, 비지인 관계인지' '정적 소통인지, 동적 소통인지'라는 두 축을 기준으로 정리해보면 다음과 같이 구분할 수 있다.

• 지인 × 정적 커뮤니케이션: 네이버 밴드

가족, 학부모 모임, 회사 팀 단위처럼 오프라인으로 이미 관계가 형성된 사람들과 정보를 공유하는 데 최적화된 서비스다. 게시글, 공지사항, 사진첩처럼 정적인 정보 전달 중심으로 구성되어 있으며, 지속적 소통보다는 함께 보기 위한 공간으로 활용되는 경우가 많다. 익숙한 사이지만 일상적인 대화보다는 공지나 기록 중심의 목적을 띤다.

• 지인 × 동적 커뮤니케이션: 단체 카카오톡

가장 실시간성이 강한 형태다. 친구, 가족, 회사 동료처럼 친숙한 지인들과 빠르게 대화를 주고받기 위한 공간이다. 모바일 메신저의 알림성과 접근성이 결합되며, 반응 속도가 빠르고 실시간 감정 교류나 결정이 필요한 상황에서 주로 활용된다. 오프라인 친밀도가 있는 관계에서 긴밀한 일상 대화를 가능하게 해주는 채널이다.

• 비지인 × 정적 커뮤니케이션: 네이버 카페

이곳에서는 공통된 관심사를 중심으로 낯선 사람들이 모인다. 반려동물, 재테크, 육아, 창업 등 주제 기반의 커뮤니티로, 정보성 콘텐츠가 쌓이는 구조다. 누군가의 질문에 누군가가 답하고, 검색으로 과거 글을 찾아보며 정보를 얻는 정적인 흐름이 특징이다. 서로를 잘 모르지만, 공통된 주제에 대한 꾸준한 탐색과 학습 욕구가 이어지는 장이다.

• 비지인 × 동적 커뮤니케이션: 카카오톡 오픈채팅

관계는 없지만 실시간으로 소통하고 싶은 니즈를 가진 사용자들이 모인다. 같은 시험을 준비하거나, 관심 있는 주제에 대해 지금 당장 이야기하고 싶을 때 입장할 수 있는 열린 구조다. 익명성이 보장되는 만큼 진입장벽이 낮고, 타인의 반응을 빠르게 확인할 수 있는 즉시성이 강점이다. 관계보다 지금 이 순간의 소통에 초점을 둔 공간이다.

정말 중요한 건, 고객을 정확히 정의하고 그들이 원하는 방식에 맞춰 소통을 설계하는 것이다. 지금 그들은 어디에 시간을 쓰고 있을까? 왜 그 채널을 선택했을까? 우리는 어떤 가치를 제공함으로써 그 사용처를 우리 쪽으로 옮겨오게 만들 수 있을까?

이 질문이야말로 새로운 서비스를 설계할 때 가장 먼저 떠올려야 할 출발점이다. 경쟁이 치열할수록, 본질에 가까운 통찰이 더욱 중요해진다.

1960년대 후반, 미국 사회는 말 그대로 정보의 홍수 속에 놓여 있었다. 하루에도 수천 개의 광고가 쏟아졌고, 소비자들은 더는 모든 메시지를 받아들이기 어려운 상태였다. 자연스럽게 스스로 정보를 걸러내는 능력을 갖추기 시작했고, 이런 변화 속에서 새로운 마케팅 전략이 등장했다. 트라우트Jack Trout와 리스Al Ries는 이 시기에 소비자의 마음속에 명확한 자리를 차지하는 것이 마케팅 성공의 핵심이라고 주장했다.

IBM은 컴퓨터를 최초로 발명한 기업은 아니었지만, 소비자 인식 속에서는 컴퓨터 기업 1위로 자리 잡는 데 성공했다. 이는 제품의 실제 속성보다도 소비자의 인식이 더 중요하다는 것을 잘 보여주는 사례다. 바로 이것이 포지셔닝Positioning의 힘이다.

포지셔닝 전략을 구체화하는 데에는 포지셔닝 맵이 유용하다. 두 개의 축을 기준으로 자사와 경쟁사의 위치를 시각적으로 나타냄으로써, 시장에서 어떤 속성이 경쟁력을 좌우하는지, 그리고 우리가 어떤 지점에 위치할 수 있는지를 한눈에 파악할 수 있다. 이 축은 예를 들어 가격과 품질, 혁신성과 안정성 등 소비자가 중요하게 여기는 속성으로 설정할 수 있다. 이 과정을 통해 경쟁이 덜한 영역, 즉 시장의 빈 공간White Space을 찾아내고 그에 맞는 차별화 전략을 도출할 수 있다.

자동차 브랜드 볼보는 안전성이라는 하나의 속성에 집중한 전략으로 유명하다. 수많은 브랜드가 성능이나 디자인을 강조할 때, 볼보는 오직 안전이라는 가치에 집중했다. 그 결과, 소비자 인식 속에 가장 안전한 차라는 인상을 각인시키는 데 성공했고, 이는 실제 구매 결정에도 강력한 영향을 미쳤다.

포지셔닝 전략을 기획 현장에 적용하기 위해서는 철저한 시장 조사와 소비자 분석이 선행되어야 한다. 소비자들이 어떤 속성에 가치를 두는지, 경쟁사들은 그 속성에서 어떤 위치를 점하고 있는지를 정밀하게 분석할 필요가 있다. 그 위에 자사의 고유한 강점을 중심으로, 소비자의 머릿속에 강렬하게 남을 수 있는 핵심 메시지를 도출하고, 이를 모든 고객 접점에서 일관되게 전달하는 흐름이 중요하다.

포지셔닝은 '우리는 누구인가'라는 존재의 정체성을 묻는 전략적 질문에서 출발한다. 이 질문에 대한 명확한 해답을 가지고 있는 브랜드만이, 소비자의 선택을 받을 수 있다.

경쟁자보다 어떻게 우월해질 수 있을까?

시장 속에서 우리의 위치를 명확히 파악하는 것, 이것이 성공적인 기획의 핵심이다. 경쟁사 분석을 통해 시장의 구조를 파악하고, 고객이 우리를 선택하는 이유를 깊이 고찰했다면, 이제는 한 걸음 더 나아가야 한다. 바로 이런 질문을 던질 시점이다. '우리는 시장에서 어떤 포지션을 점하고 있으며, 그 포지션에서 어떤 차별화된 가치를 제공할 수 있을까?'

기업용 메신저 시장의 후발주자였던 슬랙Slack은 이 질문에 탁월하게 답하며 놀라운 성장을 이루었다. 이미 레드오션으로 평가되던 시장에서 슬랙은 채널 중심의 커뮤니케이션이라는 새로운 개념을 도입하며 확실한 차별화를 꾀했다. 대화를 주제별 채널로 구조화하여 업무 히스토리를 정리하고, 대화 자산을 정보 폴더처럼 관리할 수 있도록 설계한 것이다. 여기에 외부 서비스 연동, 강력한 검색 기능까지 더해 팀 협업의 효율성과 생산성을 비약적으로 끌어올렸다.

슬랙은 기존 기능을 개선한 게 아니라, 시장의 빈틈을 정확히 짚어 성공했다. 기존 제품의 문제와 사용자의 불편을 날카롭게 포착했고, 그 틈에서 확실한 우위를 만들었다. 경쟁의 틀에 갇히지 않고 시장을 새롭게 정의한 결과, 슬랙은 기업용 메신저 시장의 흐름 자체를 바꿔놓았다.

국내 이커머스 시장의 쿠팡도 마찬가지다. 쿠팡은 빠른 배송과 편리한 사용자 경험이라는 두 가지 핵심 가치에 집중하며 자신만의 확실한 포지션을 구축했다. 특히 로켓배송으로 대표되는 풀필먼트Fulfillment* 전략은 고객 중심의 차별화된 경험을 제공하며, 쿠팡만의 경쟁력으로 자리 잡았다. 이는 기존 이커머스 기업에 쓰이던 고객의 시간과 비용을 쿠팡으로 이동시키는 역할을 했고, 지금의 40%에 육박하는 시장 점유율을 가능하게 했다.

---

* 상품의 보관, 포장, 배송, 반품, 고객 응대 등 전반적인 물류 및 유통 과정을 통합적으로 처리하는 서비스.

슬랙과 쿠팡의 사례는 우리에게 이렇게 묻는다. '우리는 시장 내에서 어떤 포지션을 점하고 싶은가?' '그 자리에서 경쟁자를 압도할 만한 차별적 가치는 무엇인가?'

이 질문에 답하기 위해서는 경쟁사와의 단순 비교를 넘어 시장 전체에 대한 입체적인 분석이 요구된다. 고객의 니즈뿐 아니라, 그들의 시간과 비용이 어디에 쓰이고 있는지를 면밀히 살펴야 한다. 그리고 그 흐름 속에서 우리가 파고들 수 있는 기회를 포착하는 안목이 중요하다.

우리의 강점을 극대화하고, 경쟁사의 약점을 겨눌 전략적 지점을 찾았다면, 거기에 모든 역량을 집중해야 한다. 기능마다 차별화를 부여하고, 사용자 경험 전반에 우리만의 색을 자연스럽게 녹여내야 한다. 그렇게 독자적인 가치를 무기로 삼을 때, 우리는 수동적 참여자가 아닌 시장의 존재감 있는 플레이어로 자리매김할 수 있다.

당신의 프로덕트는 지금 이 순간에도 치열한 경쟁 속에 있다. 선택의 기로에서 전략적 판단이 요구되는 지금, 우리는 어떤 우월한 포지션을 향해 나아가고 있는가? 그 위치에서 어떻게 경쟁자보다 월등히 빛날 수 있을까? 바로 이 근원적인 질문에 대한 치열한 탐색이야말로, 기획과 비즈니스가 진정으로 지향해야 할 여정이다.

어떻게
효과적으로
만들까?

시장에서 우리의 위치가 명확해졌다면 이제 그 자리에서 차별화된 가치를 어떻게 효과적으로 구현할지 고민이 이어져야 한다. 이때 핵심은 고객 중심과 문제 해결이다. 복잡함보다 간결함, 화려함보다 정확함으로 고객의 문제를 가장 명확히 해결하는 관점이 결국 경쟁력을 만든다. 이를 위해 내부의 활용 가능한 리소스, 외부 환경, 고객의 상황과 특성을 면밀히 분석한 뒤, 그에 최적화된 방안을 도출하는 접근이 필요하다.

캐시노트의 초기 전략은 이 같은 접근을 보여주는 대표적인 사례이다. 이들이 타깃으로 삼은 고객은 연령대가 높은 소상공인이었기 때문에, 회계 앱을 설치하고 사용하는 과정은 진입 장벽이 될 수밖에 없었다. 캐시노트는 이 장벽을 낮추기 위해 가장 익숙한 채널인 카카오톡 챗봇을 활용해 초기 서비스를 제공하기로 했다. 소상공인들은 별도의 앱 설치 없이도 카카오톡 메시지를 통해 매출, 세금계산서 등 주요 정보를 확인할 수 있었고, 이는 접근성과 사용성을 크게 높였다. 이러한 전략은 출시 8개월 만에 3만 개 이상의 고객사를 확보하는 성과로 이어졌고, 이후 캐시노트는 이 신뢰를 바탕으로 전용 앱을 출시하며 서비스 범위를 점차 확장해 나갔다.

토스의 MVP 전략도 눈여겨볼 만하다. 창업자 이승건 대표도 초기에는 SNS와 모바일 투표 앱을 개발했지만 기대만큼의 반응을 얻지 못하자, 빠르게 실험 가능한 아이디어로 전환했다. 단 한 장의 웹페이지로 구성된 MVP로 3일 만에 1,000명의 사용 의사를 이끌어냈고, 이것이 오늘날 데카콘 기업 토스의 출발점이 되었다.

또 다른 예로, A 스타트업은 SCM상품유통관리시스템*을 모든 상품군에 적용하려 하지 않고, 판매 비중이 높은 상품군에 집중해 최소 기능만으로 MVP를 설계했다. 그 결과 개발 기간을 1.5개월로 단축하고, 조기 고객 확보에도 성공할 수 있었다. 이처럼 완벽한 솔루션을 만들기보다 작게 시작하되 핵심 가치에 집중하는 것이 성과를 내는 지름길일 수 있다. 고객의 반응을 통해 배우고 유연하게 개선해 나가는 자세야말로 기획의 성패를 가르는 결정적인 요소다.

개발 방법론 역시 상황에 맞는 전략적 선택이 필요하다. 크고 복잡한 프로젝트에는 전통적인 워터폴 방식[**]이 적합할 수 있고, 빠른 반복과 점진적 개선이 필요한 환경에서는 애자일 방법론이 효과적일 수 있다. 또, 고객의 반응을 미리 점검하는 것이 중요한 서비스라면 MVP나 프로토타입 중심의 전략이 더 나을 수 있다. 전략은 '가장 좋은 방식'보다 '지금 우리에게 맞는 방식'이어야 한다.

어떤 방식을 선택하든, 고객의 반응을 끊임없이 관찰하고 민감하게 대응하는 유연함이 필요하다. 기획은 문제를 푸는 일이다. 해법은 언제나 고객과 비즈니스 관점에서 나온다.

---

[*]　원자재 조달부터 생산, 물류, 재고, 최종 소비자 배송까지 전 과정을 통합 관리하는 시스템. 상품 수요 예측, 유통 계획, 발주 및 입출고 등 운영 효율성을 높이기 위한 핵심 인프라. 커머스 업계에서는 상품 회전율 향상, 재고 비용 절감, 빠른 배송을 위한 필수 요소로 간주된다.

[**]　소프트웨어 개발에서 각 단계를 순차적으로 진행하는 전통적인 개발 방법론. 기획 → 설계 → 개발 → 테스트 → 출시 순으로 흐르며, 한 단계가 끝나야 다음 단계로 넘어감. 전체 계획 수립과 문서화에 강점이 있지만, 변경에 유연하게 대응하기 어렵다는 한계도 있음. 반복적 개선보다는 명확한 요구사항과 안정적인 결과물이 필요한 프로젝트에 적합하다.

고객을 깊이 이해하면, 적은 자원으로도 높은 성과를 낼 수 있다.

기획자가 추구해야 할 가치는 화려한 방식이 아닌, 고객과 비즈니스에 집중한 단순하고 명확한 실행 전략이다. 매일 변화하는 현실 속에서는 완벽한 정답보다 상황에 맞게 끊임없이 조율해 나가는 유연함이야말로 기획자의 가장 강력한 무기다.

Framework for Asking Questions

'MVP Minimum Viable Product'

MVP는 회사와 고객에게 적합한 최소 제품으로 정의된다. 고객의 선택과 만족, 구매를 이끌어낼 만큼 충분히 매력적이면서도, 과도한 자원과 리스크를 들이지 않는 수준의 제품을 의미한다.

MVP는 완벽보다 학습에 집중하는 전략이며, 그 구조를 효율적으로 설계하는 데 초점을 둔다. 이를 통해 불필요한 개발 비용과 시간을 줄이고, 시장의 요구에 더욱 정밀하게 대응할 수 있다.

자포스 역시 MVP 전략을 효과적으로 활용한 사례다. 창업자는 온라인 신발 판매라는 아이디어를 검증하기 위해 실제 매장에서 신발을 촬영해 웹사이트에 올렸고, 주문이 들어오면 직접 구매해 배송했다. 간단한 실험으로 온라인 신발 구매 수요를 빠르게 확인할 수 있었다. 결과적으로 자포스는 아마존에 12억 달러에 인수되며 큰 성공을 거뒀다.

MVP를 효과적으로 적용하고 싶다면 다음 세 가지 원칙을 떠올려보자.

1. 핵심 가치에만 집중하라.

제품의 본질적인 가치를 정확히 정의하고, 그 가치만을 구현하는 데 집중해야 한다. 완벽함을 추구하기보다 빠르게 출시하고, 빠르게 배워야 한다.

2. 피드백을 진지하게 받아들여라.

사용자 피드백은 제품 개선의 가장 중요한 자원이다. MVP는 그 피드백을 받기 위한 실험이며, 모든 반응은 다음 버전의 방향성을 결정짓는 단서다.

3. MVP는 미완성 제품이 아니다.

MVP는 시작을 중요시하는 철학이다. 제품의 모든 기능이 완성되지 않았더라도, 그 안에는 분명하게 전달되는 핵심 가치가

담겨 있어야 한다.

시장은 끊임없이 변화하고, 고객의 니즈도 빠르게 바뀐다. 빠르게 시작하고, 빠르게 배우고, 빠르게 반응하라. 중요한 것은 크게 시작하는 것이 아니라 작지만 본질적인 가치를 담은 시작을 하는 것이다.

좋은 MVP는 처음부터 고객을 태운다

MVP는 단순히 기능을 덜어낸 시제품이 아니라, 사용자가 실제로 가치를 느낄 수 있는 최소 단위의 제품을 뜻한다. 아래의 그림은 MVP의 두 가지 개발 접근 방식을 비교해 보여준다. 완성형 제품만을 목표로 진행되는 방식은 초기 고객 경험을 놓치기 쉽고, 잘 설계된 MVP는 사용자의 즉각적인 반응을 끌어내며 제품의 진화를 이끈다.

MVP를 잘못 만드는 법

MVP를 잘 만드는 법

누구와
함께해야 하고,
어떻게 힘을
모을 수 있을까?

명확한 목표와 제품 설계의 밑그림이 그려졌다면 다음은 그것을 실제 상품으로 구현하는 일이다. 이 시점에서 반드시 던져야 할 질문은 '누구와 함께 해야 하며, 어떻게 힘을 모을 것인가'다. 이제는 협업의 방향과 구조를 구체화할 차례다.

이해관계자는 고객이나 경영진에 그치지 않는다. 제품 개발과 출시를 함께 이끌어갈 내부 동료, 외부 파트너 모두가 포함된다. 이들과 효과적으로 협업하기 위해서는 각자의 상황과 성향을 세심하게 파악하고, 그에 적합한 방식과 구조를 고안하는 접근이 필요하다. 나 역시 기획자로 일하기 시작했을 때, 다혈질 성향의 개발자와 협업하며 어려움을 겪은

적이 있다. 그때 사수가 해준 조언은 이랬다. "동료의 성향을 먼저 이해해야 해. 그래야 일도 되고, 사람도 남는다." 이후 나는 사수가 어떻게 개발자와 소통하는지 유심히 관찰했고, 동료들의 업무 스타일과 커뮤니케이션 패턴을 익히며 내 방식도 하나씩 조정해갔다.

네이버에서 PJM으로 일할 때도 마찬가지였다. 프로젝트마다 협업해야 할 부서와 구성원이 달랐기에 새롭게 합류한 멤버들이 어떤 업무를 맡고 있고, 병행 중인 과제가 무엇이며, 선호하는 커뮤니케이션 방식은 어떤지를 파악하는 데 많은 시간과 노력을 쏟았다. 어떤 사람은 업무 범위가 분명해야 일에 몰입했고, 어떤 사람은 자율성을 선호했다. 구성원들의 성향을 이해하고 그에 맞게 협업 구조를 설계했을 때, 기획·UX·개발·운영 등 다양한 역할의 멤버들이 각자 전문성을 최대한 발휘할 수 있었고, 프로젝트는 일정과 성과를 모두 만족시키는 방향으로 흘러갔다.

스타트업 코칭에서도 이 원칙은 똑같이 적용된다. 주요 멤버들과 커피챗을 하며 각자의 성향, 불편함, 필요로 하는 지원 사항 등을 파악하고, 실제 일하는 과정을 지켜보며 조직의 협업 구조와 흐름을 보다 깊이 이해한다. 그런 다음, 이를 토대로 협업 구조를 재정비하고 역할을 재배치하면 팀의 생산 속도가 50% 이상 향상되는 경우도 있다. 결국 성공적인 협업의 핵심은 '맞춤형 설계'다. 기획자는 협업자들의 성향과 니즈를 섬세하게 이해한 뒤, 각자가 자신의 전문성을 발휘할 수 있는 환경을 자연스럽게 만들어가는 것이 중요하다. 팀별 협업 방식은 사전에 명확히 정리하고, 소통과 피드백은 지속적으로 이어지는 흐름으로 설계해야 협업의 밀도와 신뢰가 함께 쌓인다.

지금 진행 중인 프로젝트가 있다면 먼저 협업자 리스트를 적어보고 각자의 성향과 니즈를 정리해보자. 그리고 스스로에게 이런 질문을 던져보자. '어떻게 해야 그들을 움직일 수 있을까?' 협업의 질이 높아질수록 기획의 실행 가능성도 함께 높아진다. 기획은 실행되지 않으면 아무 의미가 없다. 실행이란 곧 협업의 다른 이름이기도 하다. 기획자의 성장은 결국 '누구와 어떻게 함께할 것인가'라는 질문에서 시작된다.

5

실행에
옮기기 전의

질문들

ASK ———— BETTER
THINK ———— DEEPER
PLAN ——— SMARTER
LEAD WITH QUESTIONS

▼

고객에게
꼭 전달하고 싶은
메세지는
무엇일까?

지금까지 우리는 실행을 위한 기획을 구체화해왔다. 이제 본격적인 실행에 들어가기 전 반드시 던져야 할 질문이 있다. 바로 '우리가 만든 것의 핵심 메시지나 기능은 무엇인가?'라는 질문이다. 이 물음은 기획이 잘 되었는지를 묻는 것이 아니라, 그 기획이 고객의 마음에 닿아 실제 행동을 이끌어낼 수 있는지를 점검하는 출발점이다.

기획은 아이디어와 기능이 추가되며 점점 복잡해지기 쉽다. 이럴 때일수록 서비스의 본질, 다시 말해 '고객이 왜 우리 서비스를 선택해야 하는가'에 대한 답을 선명히 해야 한다. 핵심 메시지가 흐려지면 고객의 관심도 행동도 빠르게 멀어진다. 실행 직전, 메시지가 고객에게 또렷이 닿고 있는지, 모든 기능과 경험이 이를 뒷받침하는지 반드시 짚어봐야 한다.

성공한 서비스는 언제나 핵심 메시지를 한 줄로 세우고, 그 줄기를 제품 전체에 일관되게 녹여낸다. 토스는 간편 송금이라는 핵심 메시지로 복잡했던 금융 경험을 완전히 바꿔놓았고, 쿠팡은 로켓배송을 통해 온라인 쇼핑의 새로운 기준을 만들었다. 당근은 당신 근처의 믿을 수 있는 마켓이라는 메시지를 중심으로 기능과 설계를 일관되게 전개했다. 특히 사용자 위치를 기준으로 6km 이내 물품만 보여주고, 거래 신뢰도를 시각적으로 표현하는 매너 온도 기능을 도입함으로써, 중고 거래의 불편함과 불신이라는 문제를 정확히 해결해냈다. 이 모든 기능은 핵심 메시지를 고객이 실제로 체감할 수 있게끔 만든 전략적 설계였다.

이 사례들이 전하는 기획의 교훈은 다음과 같다.

첫째, 좋은 기획은 반드시 고객의 불편함에서 출발해야 한다.

기획의 시작은 언제나 '고객이 지금 어떤 점에서 불편을 느끼고 있는가'라는 질문에서 출발한다. 문제 해결에 그치지 않고, 그 불편을 통해 어떤 가치를 새롭게 제안할 수 있을지 함께 고민하는 관점이 중요하다. 예를 들어 당근은 중고 거래의 번거로움과 불신을 해결하면서, 지역 기반 커뮤니티라는 새로운 가치를 함께 만들어냈다.

둘째, 수많은 아이디어를 핵심과 보완의 성격으로 구분할 수 있어야 한다.

기획 과정에서는 다양한 기능 아이디어가 쏟아져 나온다. 하지만 모든 아이디어를 담을 수는 없다. 이럴 때는 '이 기능이 핵심 메시지를 강화하는가?' '부가적인 니즈를 지원하는 기능인가?'라는 질문을 통해 우선순위를 정해야 한다. 기획할 때는 모든 기능을 똑같이 다루기보다는 어떤 기능이 핵심이고 어떤 기능이 그 핵심을 도와주는 역할인지 명확히 구분할 필요가 있다. 그래야 전체 서비스 안에서 기능들이 제각각 흩어지지 않고, 하나의 흐름 안에서 유기적으로 연결되며 전략적으로 작동할 수 있다.

셋째, 핵심 메시지가 서비스 전반에 일관되게 구현되고 있는지 끊임없이 점검해야 한다.

기획서 단계에서 메시지를 설정하는 것만으로는 실제 전달에는 한계가 있다. 실제 프로덕트 전반에서 메시지가 명확하게 구현되고 있는지, 기능과 콘텐츠, UI까지도 같은 방향을 가리키고 있는지를 끝까지 살펴보는 노력이 필요하다. 좋은 메시지도 구현이 일관되지 않으면 고객에게 닿지 못한다.

이때 반드시 두 가지 질문을 던져야 한다. '우리가 만든 것의 진짜 핵심은 무엇인가?' '고객은 그것을 통해 어떤 경험과 가치를 느낄 수 있을까?' 이 질문에 선명하게 답할 수 있어야만 고객의 행동을 변화시킬 수 있고, 우리의 목표도 현실이 된다. 핵심을 중심에 세우는 것이 실행 직전 기획자가 해야 할 가장 중요한 점검이다.

Framework for Asking Questions

'Value Proposition Canvas'

가치 제안 캔버스Value Proposition Canvas는 고객의 니즈와 기업이 제공하는 가치를 효과적으로 연결하기 위한 프레임워크다. 이 도구는 고객 중심의 사고를 구조화하고, 제품이나 서비스가 실제 시장에서 통할 수 있을지를 가늠하게 해준다. 캔버스는 마치 퍼즐처럼 두 개의 구성 요소가 서로 맞물리도록 설계되어 있다. 오른쪽에는 고객 프로필Customer Profile, 왼쪽에는 가치 맵 Value Map이 배치되며, 이 둘이 정밀하게 일치할 때 비로소 제품-시장 적합성Product-Market Fit에 도달하게 된다.

고객 프로필은 고객을 이해하는 데 필요한 세 가지 핵심 요소로 구성된다. 첫째, 고객 과업Jobs-to-be-done은 고객이 달성하고자 하는 목표나 해결하려는 문제를 말한다. 이는 실용적 과제

Value Map

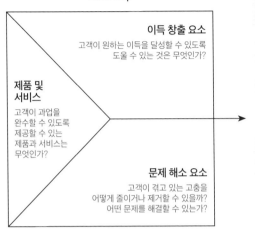

이득 창출 요소

고객이 원하는 이득을 달성할 수 있도록
도울 수 있는 것은 무엇인가?

**제품 및
서비스**

고객이 과업을
완수할 수 있도록
제공할 수 있는
제품과 서비스는
무엇인가?

문제 해소 요소

고객이 겪고 있는 고충을
어떻게 줄이거나 제거할 수 있을까?
어떤 문제를 해결할 수 있는가?

Customer Profile

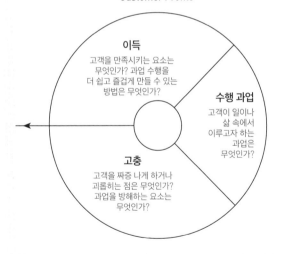

이득

고객을 만족시키는 요소는
무엇인가? 과업 수행을
더 쉽고 즐겁게 만들 수 있는
방법은 무엇인가?

수행 과업

고객이 일이나
삶 속에서
이루고자 하는
과업은
무엇인가?

고충

고객을 짜증 나게 하거나
괴롭히는 점은 무엇인가?
과업을 방해하는 요소는
무엇인가?

일 수도 있고, 감정적 동기일 수도 있으며, 사회적 기대에 부응하려는 목적일 수도 있다. 둘째, 고객의 고충Pains은 그 과업을 수행하는 과정에서 경험하는 어려움, 위험, 불편 등을 의미한다. 셋째, 고객의 이득Gains은 과업이 성공적으로 완료되었을 때 기대하는 긍정적인 결과나 혜택을 뜻한다.

가치 맵은 이러한 고객 니즈에 기업이 어떻게 응답할 것인가를 설계하는 공간이다. 이 역시 세 가지 구성으로 나뉜다. 제품 및 서비스는 고객 과업을 해결하기 위한 구체적인 제안이다. 문제 해소 요소Pain Relievers는 고객이 느끼는 불편을 줄이거나 없애는 방식이며, 이득 창출 요소Gain Creators는 고객이 기대하거나 그 이상으로 만족할 수 있도록 돕는 가치를 의미한다. 이 세 요소가 고객 프로필의 각 항목과 정확하게 맞물려야만 실질적인 가치 제안이 성립된다.

가치 제안 캔버스를 실전에 적용할 때는 몇 가지 원칙을 기억해 두면 도움이 된다. 무엇보다 고객의 관점에서 사고하는 것이 출발점이 된다. 고객이 진짜로 원하는 것이 무엇인지 성급하게 단정하기 보다는, 가설을 세운 뒤, 실제 고객 피드백으로 검토하고 조정하는 과정이 중요하다. 또한 기획자 혼자만의 시각에 의존하기보다 마케팅, 영업, 운영 등 다양한 부서와 협업을 통해 다각도의 인사이트를 확보할 수 있다. 시장과 고객의 상황은 끊임없이 변화하기 때문에, 캔버스 역시 고정된 문서로 두기보다는 상황에 맞춰 유연하게 업데이트 하는 것이 바람직하다.

　가치 제안 캔버스는 기획자의 고객 중심적 사고를 체계화하는 데 매우 효과적인 도구다. 좋은 기능을 나열하는 것을 넘어, 고객의 진짜 문제를 정확히 이해하고, 그에 대해 정밀하고 일관된 솔루션을 설계할 수 있도록 돕는다. 차별화된 기획과 지속 가능한 성과를 만들고자 한다면, 이 프레임워크는 반드시 익히고 실전에 적용해봐야 할 전략적 사고의 틀이다.

그들은
어떤 감정과
기억을
가져가야 할까?

'우리 서비스를 쓰는 고객들은 무엇을 느끼고 어떤 기억을 남길까?' 기획자라면 반드시 스스로에게 던져봐야 할 본질적인 물음이다. 기능과 메시지를 명확히 정의하는 것도 중요하지만, 그것이 고객에게 어떤 가치로 전달되고, 어떤 감동으로 이어질 수 있을지를 치열하게 고민하는 태도가 더욱 중요하다.

기획의 궁극적인 목적은 뛰어난 기능을 구현하는 데 있지 않다. 고객의 마음을 움직이고, 기억에 남는 경험을 제공하는 데 있다. 아무리 혁신적인 기술이라도, 고객이 가치를 체감하지 못하면 무의미하다. 기능 중심의 사고에서 벗어나 고객의 경험 여정 전반을 섬세하게 설계하는 감각, 그리고 사람 중심의 사고가 기획자에게 반드시 요구된다.

이런 경험 디자인의 중요성을 가장 잘 보여주는 기업 중 하나가 애플이다. 애플은 결코 기능의 완성도에만 만족하지 않는다. 제품을 처음 열어보는 순간부터 일상 속 사용의 모든 순간까지, 고객이 브랜드와 만나는 모든 접점을 하나의 특별한 경험으로 승화시키기 위해 끊임없이 고민하고 설계한다. 직관적이고 아름다운 UX, 기기 간의 매끄러운 연동, 매장에서의 세심한 응대까지. 애플이 창조하는 것은 기능을 넘어선 감동의 경험이며, 이는 기술 중심에서 사람 중심으로, 제품 중심에서 가치 중심으로 사고를 전환한 결과다.

요기요에서 진행한 사원증 리뉴얼 프로젝트도 경험 중심 기획의 힘을 잘 보여준다. 당시 요기요는 이름과 증명사진이 인쇄된 간단한 종이 사원증을 사용하고 있었는데, 기능적으로는 충분했지만 구성원들에게 소속감을 주기엔 아쉬움이 있었다. 우리는 이 프로젝트를 피상적 리뉴얼이 아니라 사원증을 다시 받는 순간 자체를 하나의 브랜드 경험으로 만들고자 했다.

먼저 프로덕트와 마케팅 디자이너들과 함께 TFTask Force를 꾸리고, 명확한 목표를 설정했다. 사원증 하나만으로도 요기요의 정체성이 느껴지고, 음식 배달이라는 업의 특성이 자연스럽게 드러나며, 나아가 구성원 개개인의 개성까지 표현될 수 있어야 했다.

회의 끝에 음식 모형 소품을 들고 사원증 사진을 찍자는 콘셉트가 제안되었고, 비용 문제로 잠시 고민했지만 직원당 2만 원의 사원증 케이스가 자부심과 애사심을 끌어올릴 수 있다면 아깝지 않다는 판단으로 실행에 들어갔다. 인사팀은 다양한 음식 모형을 수소문해 확보했고, 사내 사진작가는 구성원들의 개성을 살린 프로필 촬영을 진행했다. 디자인팀은 통일감 있는 템플릿을 제작해 제작 프로세스를 체계화했다.

음식 소품을 들고 찍은 사원증 사진은 요기요 구성원들의 소속감과 자부심을 자연스럽게 끌어올렸다. 촬영 현장은 내내 웃음이 넘쳤고, 완성된 사원증을 받아든 얼굴에는 뿌듯함이 가득했다. 이후 이 프로젝트는 요기요 신규 입사자들을 위한 '입문 의식'으로 자리잡았고, 지금은 요기요만의 독특하고 의미 있는 조직 문화를 상징하는 한 장면이 되었다.

이 프로젝트는 사원증을 예쁘게 만드는 데서 그치지 않았다. 그것은 구성원에게 소속감을 심어주고, 함께 웃고 즐기는 경험을 통해 조직에 대한 애착을 키우는 기획이었다. 바로 이런 경험이 브랜드를 더 깊고 단단하게 만든다.

기획자는 언제나 이 질문을 가슴에 품어야 한다. '우리가 만든 결과물이 기능이나 디자인이 아닌, 고객에게 어떤 감정을 남길 수 있을까?' 기능이 아니라 경험을 설계하는 태도, 그것이 사람의 마음을 움직이는 시작점이 된다.

　브랜드의 메시지와 철학을 고객의 경험에 스며들게 하는 것, 그게 바로 기획이다. 고객과 이해관계자의 감정에 닿을 수 있도록 설계된 경험은, 때로는 간단한 기능 하나로도 울림을 만들어낸다. 작은 디테일에 담긴 깊은 마음이 모일 때, 그 기획은 진짜 힘을 발휘하게 된다.

고객은
무엇을 통해
우리와
만날까?

'완성도 높고 사용하기 편리하다'는 인상을 주는 서비스는 하나의 질문에서 시작된다. '고객은 무엇을 통해 우리와 만날까?' 이 질문에 대한 깊이 있는 고민 없이 기획의 완성도를 논할 수 없다. 고객이 서비스를 접하는 모든 접점을 세심하게 들여다보고, 그에 맞춘 최적의 경험을 설계할 때 비로소 우리는 고객의 마음을 얻을 수 있다.

고객은 PC, 모바일, 태블릿, 스마트 TV 등 각기 다른 디바이스를 통해 우리 서비스를 만난다. 디바이스마다 고유한 사용 맥락이 존재한다. 각 디바이스는 고유한 사용 맥락을 지니므로, 이에 최적화된 UX 설계는 선택이 아니라 필수다. 예를 들어 스마트 TV는 소파에 기대어 편안히 콘텐츠를 소비하는 린백Lean-back*환경에 가깝다. 리모컨의 제한된 조작성을 고려해 UI는 최대한 단순하고 직관적으로 구성되어야 하며, 복잡한 기능이 필요할 경우 모바일 기기 연동을 통해 보완하는 것이 효과적이다.

반면 모바일은 이동 중이거나 짧은 시간 안에 빠르게 사용하는 린포워드Lean-forward**환경이다. 이 경우 터치와 스와이프 기반의 조작, 반응성이 뛰어난 UI, 짧고 집중도 높은 태스크 중심 화면 설계가 핵심이 된다. 키오스크, VR/AR, 음성 인터페이스 같은 새로운 접점도 마찬가지다. 키오스크는 직관성과 접근성이, VR/AR은 몰입도와 현실감 있는 인터랙션이, 음성 인터페이스는 자연스러운 언어 이해와 맥락 인식이 UX의 핵심이다.

이처럼 기획자는 디바이스마다 존재하는 제약과 가능성을 이해하고, 그에 맞는 최적의 사용자 경험을 설계해야 한다. 하지만 서비스 기획은 디바이스에만 국한되지 않는다.

---

* 소파나 침대처럼 편안한 자세에서 주로 소비되는 콘텐츠 이용 행태를 의미하며, 영상을 시청할 때처럼 사용자가 여유 있는 태도로 콘텐츠를 받아들이는 상황.

** 사용자가 몸을 앞으로 기울이며 집중하고 적극적으로 콘텐츠에 개입하는 이용 행태로, 모바일 기기나 데스크탑을 통해 검색, 클릭, 입력 등 능동적인 조작이 요구되는 상황.

고객이 처음 서비스를 접하게 되는 마케팅 접점 또한 중요한 설계 요소다.

20~30대를 주요 타깃으로 한다면 인스타그램, 틱톡 같은 SNS 채널이 유효하고, 중장년층을 타깃으로 한다면 TV 광고나 지면 매체의 활용도가 높아질 수 있다. 유튜브, 네이버 TV 등 동영상 플랫폼도 놓칠 수 없는 고객 접점이다. '어디에 노출할 것인가'보다 중요한 건 '그 채널에서 고객은 어떻게 콘텐츠를 소비하는가'다.

인스타그램은 감각적인 이미지와 해시태그를 활용한 바이럴 콘텐츠에 강하고, 유튜브는 정보 전달력과 감정을 자극하는 스토리텔링 영상이 효과적이다. 채널별 특성과 고객의 행동 패턴을 정교하게 분석하고, 그에 맞는 전략을 수립하는 것이 관건이다.

이 모든 활동의 근간에는 고객에 대한 깊은 이해가 있다. 빅데이터와 사용자 행동 분석을 통해 그들이 언제, 어디서, 어떤 방식으로 콘텐츠를 소비하고 있는지 지속적으로 관찰하고 그 안에서 인사이트를 찾아내는 과정이 중요하다. 그리고 그 통찰을 바탕으로 최적의 메시지와 경험을 설계하는 역량이 디지털 시대 기획자의 핵심 역량이다.

고객 접점에 대한 통찰은 기획자에게 주어진 중요한 과제다. 서비스 사용 맥락을 입체적으로 조망하고, 가장 적절한 지점에서 최적의 경험을 설계해야 한다. 마케터와 협업해 고객 여정 전반에 걸쳐 일관된 메시지를 전달하는 흐름을 함께 만들어가는 것이 중요하다. AI, SaaS, 음성 인터페이스 등 새로운 기술과 트렌드가 등장했을 때도 고객이 우리를 만나는 방식에 선제적으로 대응할 수 있어야 한다.

기획의 완성도는 끝내 하나의 질문으로 수렴된다. '고객은 어떻게 우리를 만나게 될까?' 이 근본적인 질문에 대한 통찰 없이는, 기획의 깊이를 더하기 어렵다.

Framework for Asking Questions

'User Journey'

사용자가 브랜드의 제품을 처음 접하는 순간부터 열성적인 팬이 되기까지 그 전 과정을 하나의 흐름으로 바라보는 것이 바로 사용자 여정User Journey이다. 기능을 사용하는 순간적인 경험이 아니라, 사용자가 시간의 흐름 속에서 어떤 감정을 느끼고, 어떤 행동을 하고, 어떤 생각을 하는지를 촘촘히 그려보는 과정이다.

인스타그램에서 새로운 기능을 발견하고, 친구에게 그 기능을 공유하며, 어느 순간 그 기능을 매일 사용하는 루틴이 되는 것.

이 모든 변화가 사용자 여정의 일부다.

일반적으로 사용자 여정은 다섯 단계로 구분할 수 있다. 제품이나 서비스를 처음 인지하는 '인지', 다양한 옵션을 비교해보는 '평가', 본격적인 사용 여부를 고민하는 '고려', 실제 구매나 사용으로 이어지는 '전환', 이후 관계를 유지해 나가는 '유지' 단계다.

이 프레임워크를 실무에 적용하기 위해서는 먼저 페르소나를 설정하는 것이 중요하다. 예를 들어 '35세 직장인 김나윤', '23세 대학생 이민호'처럼 구체적인 사용자 유형을 그려야 보다 현실적인 시나리오가 가능해진다. 그리고 사용자와 서비스가 만나는 모든 접점을 정리하고, 각 단계마다 사용자가 느끼는 감정과 경험의 흐름을 시각화하면 된다.

이렇게 사용자 여정을 정리하다 보면, 우리가 놓치고 있던 기회나 마찰 지점을 발견할 수 있다. 때로는 작은 불편함이 전환을 가로막기도 하고, 예상치 못한 순간에 강한 감동이 사용자의 충성도를 높이기도 한다.

무엇보다 사용자 여정은 한 번 만들고 끝내는 것이 아니다. 고객의 피드백을 반영하고, 시대의 흐름에 맞춰 지속적으로 업데이트해 나가야 한다. 이 과정을 거쳐야 비로소 우리는 제품이나 서비스 중심이 아니라, 사용자의 시선에서 세상을 다시 바라볼 수 있게 된다.

고객 여정 지도 예시 — 신차 구매 여정

캐릭터: 감성적인 민철

- 민철은 디자인과 브랜드에 민감한 감성형 구매자임
- 최근 이사한 지역에서 통근용 차량을 찾고 있으며, 안정성, 외관, 성능을 고루 고려하고 있음.

기대사항:

- 차량 비교 및 가격 분석
- 사진과 영상으로 바라보는 직관적 정보
- 시승 후기, 차량 내외부 영상

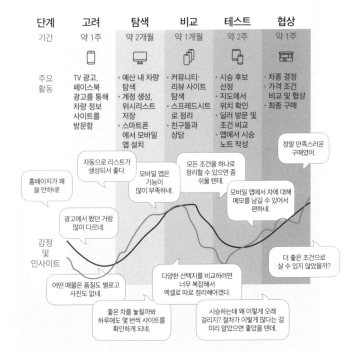

기획 외에
더
필요한 건
없을까?

서비스를 만들기만 하면 목표를 달성할 수 있을까? 기획자의 여정은 출시로 끝나지 않는다. 오히려 진짜 여정은 출시 이후부터 시작된다. 서비스의 성공을 가늠하는 기준은 '개발을 마쳤는가'가 아니라, 출시 전후로 얼마나 치밀하게 전략을 세우고 실행에 옮겼는지, 그리고 그것이 고객의 삶에 어떤 변화를 만들어냈는지에 달려 있다.

기획자에게 출시 전 준비는 개발 일정을 소화하는 것이 아니다. 전략을 세우고 방향을 결정하는, 치열한 선택의 연속이다. '고객이 왜 이 서비스를 써야 할까?'라는 본질적인 질문에서 출발해 사용자 경험을 지속적으로 개선하고, 비즈니스 임팩트를 고려한 설계를 반복하며 방향성을 결정짓는 전략적 선택의 연속이다. 마케팅, 운영, 고객 응대 등 서비스와 연결된 모든 영역을 점검하고 조율하는 것도 기획자의 몫이며, 초기 사용자 반응과 예상치 못한 이슈에 대비해 만반의 준비를 갖추는 일 역시 매우 중요하다.

진짜 승부는 출시 이후에 시작된다. 서비스의 성패는 '고객이 어떻게 반응하고 사용하는가'에 따라 갈린다. 기획자는 출시 직후 숨 돌릴 틈도 없이 모든 지표를 면밀히 살피고 빠르게 판단할 수 있어야 한다. 리텐션 흐름은 어떤지, 고객 불편은 무엇인지, 매출은 실제로 발생하고 있는지를 확인하며, 초기 가설이 빗나갔다면 과감한 피봇Pivot*도 고려해야 한다. 어떤 기능을 보완하고 어떤 경험을 새롭게 설계해야 하는지도 이 시점에서 결정된다.

결국 핵심은 데이터를 기반으로 사용자 경험을 개선하고, 이를 통해 서비스 가치를 고도화하는 데 있다. 사용자의 행동 패턴과 니즈를 분석해 맞춤형 경험을 설계하고, 이탈률이 높은 지점을 찾아내 점진적으로 개선해 나가는 과정이 필요하다. 동시에 잠재 고객을 유입할 전략을 지속적으로 고민하

---

* 기존 전략이나 제품 방향성을 유지하면서, 기능·시장·수익모델 등을 변화시켜 새로운 해답을 찾는 전략 전환 방식.

며 조율하는 태도도 중요하다. 여기에 시장 변화에 유연하게 대응하는 통찰력이 더해질 때, 비로소 서비스는 지속 가능한 경쟁력으로 이어진다.

다모임의 미니홈피 프로젝트는 집요한 실행이 어떻게 실질적인 성과로 이어지는지를 잘 보여준다. '고객이 왜 미니홈피와 아이템을 사용해야 할까?'라는 질문에서 출발한 이 프로젝트는, 10대 이용자들이 자신의 개성을 표현하고 싶어 하는 감정에 주목했다. 이를 바탕으로 프로젝트팀은 메인 페이지에 개성 강한 미니홈피 여섯 개를 추천해 노출했고, 불과 3개월 만에 100만 명의 사용자를 확보하는 성과를 냈다. 이후엔 감각적인 미니 룸과 스킨을 꾸민 유저들을 소개함으로써 아이템 소비를 자연스럽게 유도했고, 이는 손익분기점을 넘어서는 매출로 이어졌다. 친구에게 자신을 뽐내고 싶은 10대 고객의 감정선을 정교하게 이해하고, 그에 맞춘 동기 설계를 해낸 것이 이 프로젝트의 핵심이었다.

스포티파이 역시 고객 중심의 지속적인 개선이 얼마나 강력한 성장을 이끄는지를 보여준다. 이들은 초기 무료 이용자들의 데이터를 바탕으로 경쟁사와 차별화되는 맞춤형 추천 기능을 정교하게 발전시켰고, 콘텐츠 영역까지 확장하면서 사용자 경험을 끊임없이 진화시켜 나갔다. 단지 출시 그 자체에 의의를 두지 않고, 그 이후의 경험을 집요하게 고도화한 덕분에 2022년 기준 월간 사용자MAU 4.8억 명, 유료 구독자 약 2억 5백만 명이라는 글로벌 성과를 이루어낼 수 있었다.

진정한 성공은 뛰어난 아이디어나 기술만으로 이룰 수 없다. 다모임과 스포티파이의 사례는 명확히 말해준다. 성공은 출시라는 하나의 이벤트가 아니라, 그 전후를 아우르는 총체적인 고민과 실행의 결과다. 사전의 전략 수립, 출시 후의 민첩한 대응, 고객 중심의 개선 노력. 그 모든 중심에는 언제나 이 질문이 있어야 한다. '우리는 고객에게 어떤 가치를 전달하고 있는가?'

기획은 결과물이 아닌 경험을 만드는 과정이다. 고객의 삶에 스며들고 감동을 줄 때 비로소 완성에 가까워진다. 잘 만든 제품을 넘어 고객의 일상에 깊이 스며드는 감동적인 경험을 만들어낼 수 있을 때, 비로소 그 기획은 완성에 가까워진다. 이 흐름 전체를 하나의 사이클로 인식할 수 있을 때, 우리는 단지 제품을 만드는 사람이 아닌 변화를 설계하는 사람이된다.

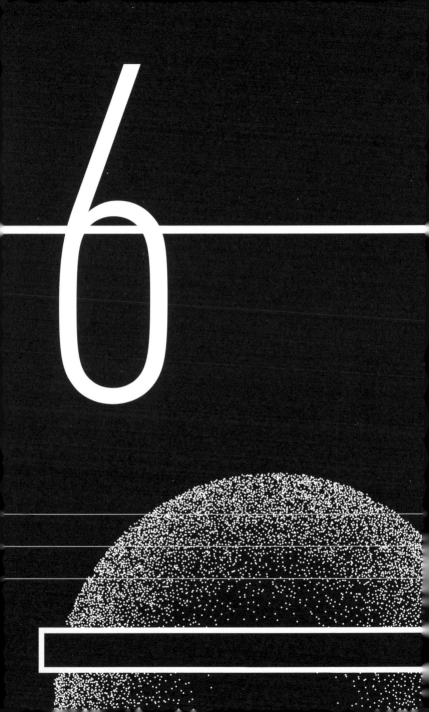

기획을
마친 후의

질문들

ASK ———— BETTER
THINK ———— DEEPER
PLAN ——— SMARTER
LEAD WITH QUESTIONS

▼

지금까지의
기획은
목표와
맞닿아 있을까?

기획을 끝냈다면 반드시 스스로에게 던져야 할 질문이 있다. '지금까지 고민하고 설계한 모든 것들을 그대로 실행한다면, 과연 우리가 최초에 세운 비즈니스 목표를 달성할 수 있을까?'라는 질문이다. 이는 기획안이 요구 조건을 충족했는지를 점검하는 차원을 넘어, 전체 기획의 정합성과 일관성을 종합적으로 평가하는 작업이다.

이를 위해 다섯 가지 핵심 질문을 중심으로 기획안을 점검해야 한다.

첫째, 처음에 설정한 비즈니스 목표와 이를 달성하기 위한 전략, 실행 계획이 서비스 전반에 일관되고 유기적으로 반영되어 있는가? 사용자 리텐션* 향상이라는 목표를 세웠다면, 이에 부합하는 UX 설계, 기능 구성, 알림 전략까지 하나의 흐름으로 정렬되어 있어야 한다. 목표와 실행 사이의 연결 고리가 명확하지 않다면, 서비스는 방향을 잃고 산만해지기 쉽다.

둘째, 기획의 전 과정에서 고객의 니즈와 경험을 최우선에 두고 설계했는가? 고객 인터뷰나 리서치를 통해 어떤 인사이트를 얻었는지, 그 통찰이 실제 기능이나 콘텐츠에 어떻게 녹아들었는지를 되짚어보는 과정이 필요하다. 고객의 공감 없는 설계는 아무리 정교하더라도 시장에서 설 자리를 찾기 어렵다.

셋째, 기획 초기에 세운 주요 가설들을 실제로 검증했는가? 그리고 이를 객관적으로 평가할 수 있는 실행 방안은 충분히 마련되어 있었는지도 함께 점검해볼 수 있다. 특히 새로운 서비스를 설계할수록 고객 반응을 예측하기 어려우므로, MVP나 프로토타입을 통해 빠르게 반응을 확인하고, 필요한 경우 유연하게 방향을 조정하는 접근이 중요하다. 이때 정량 지표와 피드백 루프가 뒷받침되어야 가설 검증이 형식에 그치지 않는다.

넷째, 고객이 우리 서비스를 접하게 되는 모든 접점에서 일관

---

* 일정 기간 후에도 사용자가 제품이나 서비스를 계속 사용하는 비율이자 사용자 충성도를 가늠하는 핵심 지표.

되고 최적의 경험을 제공할 수 있는가? 제품 자체의 완성도뿐 아니라, 온보딩 경험, 알림 메시지의 어조, 고객센터의 응대 방식 등 외곽의 요소까지 정교하게 설계되어야 한다. 브랜드 메시지와 감정선이 일관될 때, 고객은 비로소 서비스에 대한 신뢰와 애착을 갖게 된다.

다섯째, 서비스의 활성화와 성장을 위한 운영 및 마케팅 계획 이 구체적이고 실현 가능한 수준인가? 타깃 고객은 누구이며, 어떤 채널과 메시지로 접근할 것인지, 어떤 마일스톤을 통해 성장을 추적할 것인지까지 전략적으로 수립되어야 한다. 제품 설계 못지않게 운영과 마케팅 전략은 서비스의 성패를 가르는 핵심이다.

이 다섯 가지 질문은 기획자가 반드시 넘어야 할 마지막이자 가장 중요한 관문이다. 전체 기획의 밀도와 방향성을 다각도로 검증하는 과정이기 때문이다.

구글의 OKRObjectives and Key Results 시스템은 이러한 기획 점검 방식과 깊은 연관이 있다. OKR은 조직 전체의 최상위 목표Objective와 각 팀의 실행 목표Key Results를 유기적으로 연결해 전략의 일관성과 실행력을 높인다. 도전적인 목표 설정, 성과의 객관적 측정, 구성원 몰입까지 하나의 체계로 연결되어 있는 구조다. 구글이 글로벌 혁신 기업으로 성장할 수 있었던 이유이기도 하다.

테슬라의 모델3 사례 역시 같은 맥락에서 이해할 수 있다. 테슬라는 전기차의 대중화라는 비전을 실현하기 위해, 모델 3가 그 목적에 부합하는지 집요하게 검토했다. 제품 콘셉트 가 브랜드 메시지와 일관되는지, 고객의 기대를 충족할 수 있는지, 원가와 생산성 측면에서 사업성이 확보되는지, 출 시 이후 발생할 리스크는 충분히 대비되어 있는지 반복해서 점검했다. 그 결과, 2017년 출시된 모델3는 3만 5천 달러에서 5만 달러 사이의 합리적인 가격과 강력한 성능으로 시장에 서 높은 수요를 기록했고, 테슬라의 수익을 견인하는 핵심 모델로 자리매김했다.

하지만 기획자 스스로 기획을 평가하는 데는 한계가 있다. 깊이 관여한 기획일수록 판단이 흐려질 수 있기 때문이다. 이 편향을 극복하려면 제3자의 시선으로 기획을 객관화하는 노력이 필요하다. 내부적으로는 다양한 이해관계자들의 리 뷰를 통해 집단 지성의 시각을 얻고, 외부 전문가나 잠재 고 객의 피드백을 경청하는 태도가 요구된다.

이런 검토와 수정 과정은 분명 시간이 들고 고된 작업일 수 있다. 하지만 그 수고를 견디며 다듬어진 기획만이 구체 적인 실행 가능성을 갖출 수 있다. 그렇게 철저한 점검과 검증을 거친 기획이야말로 실행의 자격을 가진다.

이제 이 모든 질문에 답할 준비가 되었다면, 마지막으로 한 걸음 더 나아가 보자. '우리가 만든 기획이 성공이라고 말할 수 있으려면, 이해관계자의 관점에서 어떤 조건이 충족되어야 할까?' 이 질문에 대한 답이 있다면, 당신의 기획은 이미 실행을 넘어 결과를 준비하고 있는 셈이다.

Framework for Asking Questions 'MECE'

1960년대, 맥킨지앤컴퍼니의 컨설턴트들은 고객사의 복잡한 문제를 보다 명료하게 풀 수 있는 사고법을 고민했다. 그 과정에서 탄생한 것이 바로 MECEMutually Exclusive, Collectively Exhaustive 원칙이다. 국내에서는 흔히 '미시 원칙'으로도 불리며, '겹치지 않되 빠짐없는' 분류를 뜻한다. 말 그대로 정보나 문제를 중복 없이 나누되 전체를 빠짐없이 포함하는 구조를 지향한다.

이 원칙이 중요한 이유는 단순하다. 분석의 중복과 누락을 줄이고, 자원을 효율적으로 배분하며, 명확한 의사결정을 가능하게 하기 때문이다. 기획자는 다양한 문제를 구조화하고 팀원들과의 커뮤니케이션을 명확히 해야 하는 입장이기에, MECE적 사고는 전략의 기본이자 실무의 출발점이다.

사용자 이탈 원인을 분석한다고 가정해보자. 이를 기술적 문제, 사용성 문제, 가격 문제, 경쟁사 요인 등으로 나눌 수도 있지만, 항목 간 중복 가능성이 있다. 기술적 문제로 인해 사용성이 낮아졌을 수 있고, 경쟁사 요인에 가격이 포함되기도 한다. 반면, 내부 요인과 외부 요인이라는 큰 틀로 나눈 뒤, 내부는 기술·디자인·콘텐츠로, 외부는 경쟁사·시장 변화·정책 환경 등으로 세분화하면, 훨씬 더 MECE한 구조가 된다.

아마존은 고객 서비스 이슈를 문제 발생 시점을 기준으로 나눈다. 주문 전, 주문 중, 배송 중, 배송 후로 구분하고, 각 단계마다 상세 이슈를 나열해 고객 문의를 정확하게 분류한다. 이 구조 덕분에 대응은 빨라지고, 누락은 줄어들며, 반복되는 문제의 패턴도 보다 명확하게 드러난다.

기획 실무에 MECE를 적용할 때는 몇 가지 유의할 점이 있다. 첫째, 일관된 기준을 세워 항목을 나누는 것이 중요하다. 사용자 분석이라면 연령 기준으로 나눌지, 이용 패턴 기준으로 나눌지 먼저 정의해야 하고, 서로 다른 기준을 혼용하지 않도록 주의해야 한다.

둘째, 적절한 분해 수준을 선택해야 한다. 너무 세분화하면 오히려 복잡해지고, 너무 넓게 나누면 의미 있는 인사이트를 놓칠

MECE 원칙

서로 배타적이면서 완전히 포괄적인 분류의 원칙

서로 겹침 (배타적이지 않음)

IDEA 1과 IDEA 2가
겹치는 영역이 있어 중복됨
▼
기준이 불명확하고 혼란을 유발함

전체를 포함하지 않음(불완전함)

전체 영역을 다루지 않아
일부 중요한 요소가 빠짐
▼
분석 누락 가능성

서로 완전히 구분됨(배타적임)

IDEA 1과 IDEA 2가
명확히 나뉘어 있음
▼
중복 없이 분리된 상태

전체를 빠짐없이 포함함(완전)

IDEA 1, IDEA 2, , IDEA 3이
전체 영역을 빠짐없이 구성
▼
구조적으로 완전한 상태

수 있다. 분석의 목적에 맞게 깊이와 범위를 조절하는 균형 감각
이 필요하다.

셋째, 전체 범위를 빠짐없이 조망하고 있는지 수시로 확인해
야 한다. 아무리 구조가 정교해 보여도 핵심 원인이 누락되어 있

다면 의사결정은 왜곡될 수밖에 없다.

MECE의 진짜 가치는 '복잡함을 선명함으로 바꾸는 힘'에 있다. 겹치지 않게 쪼개고, 빠짐없이 살펴봄으로써 분석과 커뮤니케이션 모두에서 질적인 차이를 만든다. 특히 복잡한 협업 상황에서 MECE는 공통의 언어를 만들어주고, 팀원 간 이해의 간극을 좁혀준다. 문제를 바라보는 틀 자체가 명료해지면, 해결책 역시 더 빠르게, 더 효과적으로 도출될 수 있다.

요즘처럼 일이 복잡한 환경에서는 MECE처럼 생각을 잘 정리하는 방법이 꼭 필요하다. 기획자라면 꼭 익혀야 할 기본 습관이다. MECE처럼 생각하는 데 익숙해지면, 복잡해 보이던 문제도 더 단순하고 명확하게 보이기 시작한다.

기획자의 질문법 ▲

최대
다수를
만족시키는
기획일까?

아무리 뛰어난 설계라도 고객과 함께한 모두의 만족으로 이어지지 않는다면 반쪽짜리 성과에 머무른다. 단지 이용자의 니즈에만 집중할 것이 아니라, 프로젝트에 참여한 모든 사람들의 기대와 고민까지 함께 담아내는 태도가 필요하다.

기획을 시작할 때 가장 먼저 살펴봐야 할 것은 지금 이 방향이 조직의 목표 달성에 실제로 기여할 수 있는지다. 아무리 멋지고 창의적인 아이디어라도 그것이 현실적인 성과로 이어지지 않으면 내부적으로 그 의미는 점점 흐려진다. 그래서 방향을 설정할 때는 조직의 비전과 전략적 우선순위와 얼마나 잘 연결되는지를 함께 고려해야 한다. 단순히 요청받은

안건을 처리하는 데서 그치지 말고, 그 일을 통해 어떤 구체적인 임팩트를 만들 수 있을지도 함께 고민해야 한다.

함께 실현해나갈 동료들의 공감과 협력을 끌어내는 일도 마찬가지다. 아무리 구조가 잘 짜인 계획이라도 그것을 실현하는 건 결국 사람이다. 다양한 부서의 협업 없이는 아이디어는 실행으로 이어지기 어렵다. 그래서 초반부터 서로 다른 시선을 나누고, 우려나 제안을 열린 마음으로 반영하려는 자세가 필요하다. 이런 과정을 통해 동료들은 목표와 배경을 이해하게 되고, 자연스러운 참여와 몰입이 가능해진다.

우리가 만드는 결과는 고객 만족에만 머물러서는 안 된다. 내부 구성원에게는 보람으로, 투자자에게는 신뢰로, 외부 파트너에게는 새로운 성장의 발판을 함께 제공할 수 있어야 한다. 이를 위해서는 기획의 출발점부터 시야를 넓게 두는 접근이 효과적이다. 서비스를 설계할 때는 사용자를 중심에 두되, 함께 얽힌 다양한 관계자들의 경험까지도 함께 고려해야 한다.

그러나 현실에서는 이런 시선을 쉽게 놓치곤 한다. 당장의 문제 해결에 집중하다 보면, 함께 일하는 사람들의 상황이나 현실적인 한계는 뒤로 밀려나기 마련이다. 또는 수치와 성과지표에만 얽매여 본래의 목적을 잊게 되기도 한다. 진정한

성과는 고객의 만족, 실행자들의 공감, 조직 내부의 성장이 하나로 연결될 때 비로소 가능하다.

그렇다면 우리는 어떤 노력을 해야 할까? 핵심은 처음부터 끝까지 다양한 이해관계자들과 꾸준히 대화하고, 그들의 생각과 필요를 담아내는 데 있다. 서로 다른 시선을 조율하는 일이 쉽지만은 않지만, 그 과정을 통해 더 정교하고 균형 잡힌 결과가 만들어진다. 단지 기능적인 완성도가 아니라, 관계 안에서 살아 있는 결과물로 이어질 수 있다.

마지막으로 중요한 건, 이러한 고려가 실제 기획서에 얼마나 녹아들어 있느냐다. 단지 다양한 의견을 수렴했다는 수준에서 끝나는 게 아니라, 실제로 각자가 체감할 수 있는 혜택과 의미를 담아야 한다. 예를 들어, 내부 팀원들이 더 몰입할 수 있도록 동기 구조를 설계하거나, 협력사의 공헌이 명확히 드러나도록 구성하는 일. 그런 세심함이 결과의 완성도를 결정짓는다.

결과물은 사람들의 마음을 모아 움직이게 만드는 설계다. 고객이 만족하고, 조직이 성장하며, 함께한 모두가 자부심을 느낄 때 그제야 진짜 의미를 가진다. 우리가 추구해야 할 건, 그런 울림 있는 성과다. 서로가 진심으로 환영할 수 있는 결과, 그 순간이야말로 '성공'이라 부를 수 있다.

문서를 작성할 수
있을 만큼
충분히
질문했을까?

　　　　　　　　　'문서를 작성할 수 있을 만큼 충분히 질문했는가?'라는 물음은 단순한 기획서 점검을 넘어, 전략의 설득력을 되짚어 준다. 우리가 설계한 전략이 실제로 고객과 조직, 이해관계자의 행동을 이끌어낼 수 있는지를 검토하고, 전략적 설득력을 갖추었는지를 자문하는 데서 출발해야 한다.

　완성도 높은 기획서는 서식을 채우는 문서가 아니다. 사업 목표, 고객 분석, 제안 솔루션, 성과 지표, 실행 계획 등 다양한 구성 요소들은 '왜 이 질문을 던졌는가' '어떤 통찰이 있었는가' '무엇을 발견했기에 이 전략을 선택했는가'라는 일련의 질문과 답변의 흐름 속에서 논리적으로 연결되어야 한다. 질문의 깊이가 기획의 완성도를 결정하며, 그 통찰이 담긴 기획서는 프로젝트의 성패를 가르는 핵심 도구가 된다.

아마존 프라임의 사례는 질문 중심 사고가 어떻게 정교한 전략으로 구체화되고, 실제 비즈니스 성과로 이어지는지를 보여주는 대표적인 예다.

첫째, 아마존은 '고객 충성도를 높이는 구독 모델을 어떻게 설계할 것인가'라는 명확한 사업 목표를 설정했다. 단기적인 성과보다는 장기적인 고객 관계 형성과 반복 구매를 유도할 수 있는 구조를 설계하며, 자사 생태계의 확장을 동시에 고려했다. 이 목표는 기획 전반의 방향을 결정짓는 출발점이 되었다.

둘째, 초기 기획 단계에서 질문 기반 사고가 핵심 역할을 했다. '고객이 매달 비용을 지불하면서도 기꺼이 구독할 만한 가치는 무엇인가?' '배송 외 어떤 혜택이 고객의 만족도를 높일 수 있을까?' '프라임은 기존 아마존 비즈니스와 어떻게 통합되어야 할까?' '이 전략의 효과는 어떤 지표로 측정할 수 있을까?'와 같은 질문들이 서비스 구조의 뼈대를 형성했다.

셋째, 이 질문들을 바탕으로 핵심 기능이 체계적으로 구성되었다. 2일 무료 배송은 고객이 즉각적인 효용을 체감할 수 있도록 했고, 동영상 스트리밍 서비스는 일상 속 여가 시간을 고려한 부가 혜택이었다. 회원 전용 할인은 소비자에게 뚜렷한 경제적 메리트를 제공하며 구독 유지 동기를 강화했다.

넷째, 전략의 효과를 실증적으로 평가하기 위해 아마존은 주요 성과 지표를 명확히 설정했다. 프라임 가입률과 유지율, 가입자의 연간 구매 증가율, 신규 서비스의 활용도 등은 모두 전략의 유효성을 검토하고 개선 방향을 수립하는 핵심 근거가 되었다.

마지막으로, 아마존은 이 모든 기획 요소들이 실제 시장에서 어떻게 작동하는지를 지속적으로 추적하고 분석했다. 고객의 콘텐츠 소비 패턴을 바탕으로 독점 콘텐츠를 강화하거나, 배송 속도를 향상시키는 등의 후속 조치는 기획서에 담긴 전략이 끊임없이 진화하고 있다는 증거였다.

이 사례는 기획이란 곧 질문에서 시작된다는 사실을 다시금 상기시켜준다. 기획은 문서를 완성하는 일이 아니라, 전략적 질문을 통해 통찰을 도출하고 이를 설계와 실행으로 연결하는 사고의 여정이다. 이 책에서 다룬 질문들을 충분히 탐구했다면, 제안서, 스토리보드, PRD제품 요구사항 정의서[*] 등 어떤 형태의 기획서도 깊이 있는 메시지를 담아낼 수 있다. 좋은 기획서란 형식을 채운 문서가 아니라 본질적인 질문에 근거해 도출된 설계의 결과물이기 때문이다.

그렇다면 좋은 기획서란 어떤 모습이어야 할까? 앞서 살펴본 아마존 프라임의 다양한 질문들을 토대로 실제로 기획 내용은 다음과 같이 정리가 되었다. 프라임은 배송 서비스가 아닌, 고객 충성도를 높이는 복합 구독 모델로서 기획부터 실행까지 전략적으로 설계되었다.

첫째, 아마존은 고객 충성도를 높이는 구독 모델 개발이라는 명확한 사업 목표를 설정했다. 이는 단기적인 배송 효율 개선에 머무르지 않고, 고객의 재구매율을 높이며 자사 생태계를 확장하는 데 초점을 맞춘 전략이었다.

둘째, 프라임 서비스의 설계는 핵심 질문들에서 출발했다. '고객이 매달 비용을 지불하며 구독할 만한 가치를 제공하려면 무엇이 필요한가?' '배송 외에 어떤 혜택이 고객의 체감 가치를 높일 수 있을까?' '이 모델은 아마존의 기존 비즈니스와 어떻게 통합될 수 있는가?' '고객 충성도와 매출 증

---

* 제품 개발 전에 작성하는 문서. 핵심 문제, 기능 요구사항, 일정, 성과 지표 등을 체계적으로 정리한 문서.

가 효과는 어떤 지표로 측정할 수 있을까?'와 같은 질문들을 중심으로 서비스의 방향성과 실행 전략을 정교하게 다듬었다.

셋째, 고객 분석, 제안 솔루션, 시장 진출 전략 등 전략적 요소들을 기반으로 구성된 기획서에는 2일 무료 배송, 동영상 스트리밍 서비스, 회원 전용 할인과 같은 핵심 기능들이 포함되었다. 즉각적인 효용을 제공하고, 라이프스타일에 맞춘 콘텐츠 중심의 가치를 더하며, 반복 구매를 유도할 수 있는 강력한 장치들이었다.

넷째, 아마존은 프라임의 성과를 객관적으로 검증하기 위해 회원 가입률과 유지율, 프라임 가입자의 연간 구매 증가율, 신규 서비스 사용률 등 다양한 지표를 설정했다. 이러한 지표들은 전략의 유효성과 고객 반응을 실시간으로 파악하는 데 효과적인 수단이 되었다.

마지막으로, 출시 이후에도 아마존은 고객 데이터를 면밀히 분석하며 프라임 서비스를 지속적으로 개선해 나갔다. 콘텐츠 소비 패턴을 기반으로 독점 콘텐츠를 강화하거나, 배송 속도를 개선하는 등 반복적인 개선 과정을 통해 서비스의 가치를 더욱 공고히 하고 장기적인 고객 충성도를 확보해 나갔다.

프라임은 본질을 꿰뚫는 질문을 통해 전략을 설계하고, 이를 기획 전반에 녹여 실행력을 높인 대표적 사례다. 이 책에서 다룬 질문들을 충분히 탐구했다면, 제안서, 스토리보드, PRD 등 다양한 실무 문서를 작성하는 데 큰 어려움은 없을 것이다. 뛰어난 기획서는 형식을 채우는 문서가 아니라, 치열한 질문을 통해 얻은 사용자에 대한 통찰과 제품의 본질을 유기적으로 엮어낸 하나의 전략적 결과물이다.

Framework for Asking Questions 'PRD'

PRDProduct Requirements Document, 제품 요구사항 정의서는 제품 개발에 앞서 반드시 정리해야 하는 핵심 문서다. 이 문서에는 제품 개요, 문제 정의, 비즈니스 목표, 핵심 고객 설정, 기능 요구사항, 성과 지표, 프로젝트 일정 등이 포함된다.

구글의 한 프로덕트 매니저는 "좋은 PRD는 사용자의 문제와 그에 대한 해결책을 명확하게 연결해 주는 스토리"라고 말한 바 있다. 이 말은 곧 이 문서를 읽는 누구라도 '그래서 이걸 왜 만드는 건지' '이게 왜 중요한 건지'를 직관적으로 이해할 수 있어야 한다는 뜻이다.

PRD를 잘 쓰기 위해서는 몇 가지 중요한 원칙이 있다.

첫째, 하나의 핵심 문제에 집중해야 한다. 여러 문제를 동시에 다루려 하면 방향성이 흐려지고, 정작 해결해야 할 중요한 이슈가 흐릿해질 수 있다. 초점을 하나로 좁힐수록 문제 해결의 밀도는 높아진다.

둘째, 기능의 우선순위를 명확히 정리해야 한다. 실제 서비스 개발 현장에서는 모든 기능을 동시에 구현하기 어렵다. 지금 반드시 해결해야 하는 기능은 무엇이고, 상대적으로 뒤로 미뤄도 되는 기능은 무엇인지 구체적으로 구분할 필요가 있다. 그래야 개발자와 디자이너, 마케터 모두 동일한 목표 아래 효율적으로 움직일 수 있다.

셋째, 실행의 근거는 반드시 데이터에 기반해야 한다. 사용자 인터뷰, 설문 조사, 고객 VOCVoice of Customer 등 다양한 실제 데이터를 활용해야 기획서의 설득력이 생기고, 기능 설계에 타당성을 부여할 수 있다.

이때 주의할 점도 있다. PRD를 너무 세세하게 작성하면, 오히려 개발자의 자율성과 창의적 해석의 여지를 막게 된다. PRD는 처음부터 완벽하게 만드는 문서가 아니다. 개발이 진행되는 동안 점차 보완해 나가는 살아 있는 문서라는 점을 잊지 말아야 한다. 실제 협업 환경에서는 변화에 민감하게 대응하면서도 중심은 놓치지 않는 유연한 자세가 요구된다.

가장 흔한 실수는 PRD에 모든 걸 다 써야 한다는 강박이다. 모든 내용을 완벽하게 담으려다 보면 시간이 지나고, 중요한 타이밍을 놓치는 일이 생기기 쉽다. PRD의 목적은 한 번에 완성하는 데 있는 것이 아니라, 핵심 요구사항을 명확히 전달하고 팀원들과 긴밀히 소통하며 함께 만들어가는 기획의 출발점이라는 데 있다.

PRD제품 요구사항 정의서 예시

1. 개요

항목	설명
작성자	이 PRD의 소유자, 이해관계자의 주요 연락 창구가 되는 사람 (예: 기획자 또는 PM)
참여 팀	이 PRD를 함께 작업하는 팀 (예: 디자이너, 개발, QA 등)
요약	이 기능이 무엇인지 한 줄로 요약 (예: 장바구니 페이지 개선)
진행 상태	현재 상태 (예: 탐색 중 / 개발 중 / 출시 준비 / 출시됨)
다음 마일스톤	다음 주요 일정 (예: 4월 20일 기능 QA / 4월 30일 정식 출시)

2. 문제 정의

항목	설명
목표	이 기능 또는 프로젝트를 통해 달성하고자 하는 핵심 목표. 어떤 고객 문제를 해결하려는 것인지, 회사의 전략적 목표와 어떻게 연결되는지를 서술.
성공 지표	기능이 성공적으로 구현되었는지 판단하기 위한 수치적 기준. KPI 또는 사용자 행동 기반 지표 등 구체적인 측정 가능 항목을 명시 (예: 전환율 10% 상승, 클릭률 15% 증가 등).

3. 이해관계자

항목	설명
수행 책임자	실제로 작업을 수행하는 사람 (예: 실무 팀, 개발자, 디자이너 등)
최종 책임자	최종적인 의사결정 책임을 지는 사람 (예: PM 또는 PO)
의견 제공자	기능에 대해 피드백을 제공해야 하는 이해관계자 (양방향 커뮤니케이션 필요)

4. 사용자 시나리오

항목	설명
주요 사용자	해당 기능을 사용하는 주요 타겟 유저 (예: 20대 여성, 자주 구매하는 고객 등)
사용 맥락	사용자가 이 기능을 사용하는 상황/배경 (예: 장바구니에서 결제를 고민하는 시점)
시나리오	구체적인 플로우 중심의 시나리오 (예: 사용자가 상품을 담고 장바구니로 이동 → 쿠폰 적용 → 결제 페이지 진입)

5. 기능 요구사항

항목	설명
기능 목록	사용자가 수행할 수 있는 액션을 항목별로 명시 (예: 쿠폰 적용 버튼을 누르면 할인율이 실시간 반영됨)
우선순위	기능별 우선순위 정의 (예: P0 - 반드시 구현, P1 - 여유 있을 때 구현 등)
예외 처리	엣지 케이스 또는 예외 상황 대응 방법 (예: 쿠폰이 유효하지 않을 경우 오류 메시지 출력 등)

6. UX/UI 및 화면 플로우

항목	설명
플로우 다이어그램	기능 흐름을 시각적으로 표현한 사용자 흐름도
주요 화면	와이어프레임, 디자이너 초기 시안 등 포함
상태 정의	버튼 상태, 로딩 중, 에러 발생 시 등 다양한 상태 정의

7. 데이터 및 이벤트 정의

항목	설명
수집 항목	어떤 데이터를 저장하고 추적할 것인지 정의 (예: 클릭 횟수, 전환 시간 등)
이벤트 명	트래킹 도구 기준 이벤트 이름 정의 (예: `add_to_cart_clicked`)
활용 목적	데이터를 통해 무엇을 확인하거나 개선할 것인지 (예: A/B 테스트를 위한 지표로 활용 등)

8. 기술 및 정책 제약사항

항목	설명
기술 스펙	적용할 프레임워크나 API 명세 등 (예: React 기반 컴포넌트 활용)
플랫폼 고려사항	웹/모바일/앱별 대응 여부
접근성/보안	법적 요구사항, 개인정보 처리 방식, 접근성 준수 여부 등

어떤 변화와
성과가
남았을까?

프로젝트가 끝났다면, 반드시 물어야 할 질문이 있다. '실행 성과는 어떠했는가?'라는 질문은 단지 결과를 점검하는 데 그치지 않는다. 성공과 실패의 요인을 객관적으로 분석하고, 그로부터 얻은 교훈을 다음 프로젝트에 반영하는 기획의 가장 본질적인 마무리다. 성공에서는 우리가 지향해야 할 전략과 방향을, 실패에서는 되풀이하지 말아야 할 함정과 리스크를 배운다. 그 어떤 결과이든 기획자에게는 모두 성장의 자양분이 된다.

네이버 지도팀 신입 시절 맡았던 포토 스트리트 프로젝트는 이 과정을 뼈저리게 체감하게 해준 경험이다. 거리 사진으로 월 100만 페이지뷰PV, Page View를 달성하라는 도전적인 미션을 안고 열정적으로 프로젝트에 몰입했다. 동료들의 긍정적인 피드백에 힘입어 나 자신도 확신에 차 있었다. 하지만 오픈 후의 반응은 기대와는 정반대였다. 초반 관심은 금세 사그라들었고, 콘텐츠와 기능을 보완해도 반응은 미미했다. 결국 1년여 만에 프로젝트는 종료되었다.

아쉬움이 컸지만, 그 실패는 오히려 가장 값진 배움을 안겨주었다.

첫째, 기획은 반드시 고객의 근본적인 니즈를 깊이 이해하는 데서 출발해야 한다. 우리는 기술의 참신함과 아이디어의 새로움에 몰두한 나머지, 사용자가 지도 서비스에서 진짜 중요하게 여기는 목적지 확인과 경로 탐색이라는 기본 가치를 소홀히 했다.

둘째, 고객의 니즈는 감각이나 예감이 아니라 데이터로 검증되어야 한다. 아무리 세련된 기능이라도 실제 사용자 행동과 괴리된다면 무용지물이다. 아이디어보다 중요한 건 실제 사용자 패턴 속에서 해답을 찾는 태도다. 기획자는 데이터 앞에서 늘 겸손해야 한다.

셋째, 어떤 지표를 성과로 삼을지는, 그 서비스가 궁극적으로 전달하려는 가치와 잘 맞아야 한다. 우리가 내세운 '100만 PV'는 이 프로젝트가 지향하는 진짜 목적과는 방향이 달랐다. 사용자 몰입도가 중요한 서비스에서는 오히려 방문자수와 재방문율 같은 지표가 더 본질적인 기준이 될 수 있다. 프로젝트의 성공을 판단하려면 서비스가 궁극적으로 전달하고자 하는 가치에 부합하는 지표를 선택하는 것이 중요하다.

반면, 오늘의집은 완전히 다른 길을 택했다. 콘텐츠를 기반으로 대규모 유입에는 성공했지만, 커머스를 열었을 때는 초기 매출이 거의 없었다. 하지만 문제의 본질을 데이터로 정확히 짚어냈다. 콘텐츠와 커머스 간의 연결성, 개인화 추천, 검색 기능처럼 부족한 부분을 하나하나 보완해나갔다. 그 결과, 2021년 기준 월 거래액 1,000억 원이라는 성과를 만들어냈다. 이 사례는 고객 중심의 사고, 데이터 기반의 판단, 집요한 실행력이 결국 시장에서 살아남는 기획을 만든다는 걸 잘 보여준다.

결국 기획자에게 필요한 진짜 역량은 끊임없이 질문하고 겸허하게 배우려는 태도다.

내 아이디어는 진짜 고객의 니즈를 반영하고 있는가?

그것은 데이터를 통해 검증되었는가?

우리는 이 질문들을 스스로에게 끊임없이 던져야 한다.

마케팅 예산이나 외형적인 완성도보다 더 중요한 것은, 고객이 우리 제품을 통해 어떤 경험과 가치를 얻는가이다. 고객의 기대를 만족시키고, 그 경험을 정교하게 확장시켜 나갈 때 비로소 서비스는 살아남고 성장한다.

때로는 포토 스트리트처럼 실패를 경험할 수도 있다. 하지만 실패는 좌절이 아니라 다음을 위한 디딤돌이다. 중요한 건 그 실패에서 무엇을 배우고, 어떻게 더 나은 설계로 연결해 나가는가다. 기획이라는 여정은 결코 쉽지 않지만, 치열한 질문과 고민, 도전과 피드백, 실패와 재시도의 반복 속에서 우리는 분명 한 뼘 더 성장하게 된다.

Framework for Asking Questions 'Retrospective'

회고는 프로젝트나 스프린트가 끝난 뒤, 팀이 함께 모여 무엇이 잘됐고, 무엇이 부족했으며, 다음에는 어떻게 더 잘할 수 있을지를 이야기하는 시간이다. 의례적인 회의가 아니라, 팀이 함께 성장하기 위한 중요한 의식이다.

이 시간을 효과적으로 이끌기 위해 기획자가 가장 먼저 신경써야 할 것은 '안전한 분위기'다. 누구도 눈치 보지 않고 솔직하게 자신의 의견을 말할 수 있어야 한다. 그래야만 회고의 본질이 살아난다.

회고를 구조화하는 것도 중요하다. 예를 들어 KPTKeep-

Problem-Try 같은 프레임워크를 활용하면 대화를 체계적으로 정리하는 데 도움이 된다. 어떤 점은 유지해야 할지, 무엇이 문제였는지, 다음엔 어떤 시도를 할지 항목별로 구분해보는 것만으로도 팀의 관점이 정리되고, 방향성 역시 분명해진다.

회고에서 가장 중요한 것은 말로 끝나는 것이 아니라 실행 가능한 개선 과제를 도출하는 일이다. 그리고 그 과제가 다음 스프린트나 프로젝트에 실제로 반영될 때, 회고의 의미는 비로소 완성된다.

잘 운영된 회고는 팀 내 커뮤니케이션을 훨씬 더 유연하게 만들고, 문제 해결 능력을 키워주며, 개선이 자연스럽게 반복되는 조직 문화를 형성하는 데 큰 힘이 된다. 서로의 역할을 더 깊이 이해하게 되고, 작은 문제도 초기에 발견해 풀어갈 수 있게 도와주는 회고는 기획자에게 반드시 필요한 실전 프레임워크다.

KPT 회고 프레임워크 구조

KEEP 잘된 점, 다음에도 반복하고 싶은 것	**TRY** 다음에 시도해보고 싶은 것
PROBLEM 어려웠던 점, 실패한 부분	

다시
시작한다면
무엇을
다르게 할까?

프로젝트가 끝나는 순간, 우리는 결과 앞에 진지하게 마주서야 한다. 그리고 스스로에게 치열한 질문을 던져야 한다. '같은 상황이 다시 온다면, 무엇을 다르게 해야 할까?' 이 질문에 꾸준히 답하려는 성찰의 태도야말로 다음 프로젝트의 성패를 가르는 분기점이 된다.

나 역시 네이버 지도팀에서 진행했던 포토 스트리트 프로젝트의 실패를 통해 그 교훈을 뼈저리게 느낄 수 있었다. 예상과 달리 프로젝트는 조기에 종료되었고, 한동안 좌절감에 휩싸였다. 그럼에도 냉정한 마음으로 실패의 전 과정을 되짚었고, 그 경험은 네이버 자동차 서비스 리뉴얼 프로젝트에서 소중한 자산이 되었다.

자동차 프로젝트에서 나는 포토 스트리트의 아픔을 발판 삼아 프로젝트 멤버들과 함께 체계적이고 전략적인 접근을 시도했다. 프로젝트 초기부터 기존 서비스를 면밀히 분석하고, 조직의 사업적 요구를 꼼꼼히 짚어 명확한 가설을 세웠다. 데이터를 기반으로 전략을 검증한 끝에 자동차 사진 중심의 서비스로의 전환이라는 방향을 도출했고, 이를 구체화하기 위해 콘텐츠 검색 담당자와의 대화를 통해 현장의 생생한 인사이트를 확보하고, 국내외 유사 서비스를 폭넓게 조사하고 벤치마킹했다.

무엇보다 고객을 일반 사용자와 매니아층으로 세분화해 각 집단에 최적화된 UI/UX 전략을 설계한 것이 주효했다. 그 결과, 리뉴얼 3개월 만에 서비스 트래픽이 50% 이상 폭발적으로 증가했다.

이 프로젝트를 통해 나는 다시 한번 확신할 수 있었다. 기획자의 핵심 역량은 고객 니즈를 데이터로 검증하고, 설득력 있는 UI/UX를 통해 풀어내며 시장에서 경쟁력 있는 차별화를 만들어내는 일이라는 점이다.

스티브 잡스의 이야기도 같은 맥락에서 시사하는 바가 크다. 그는 LISA 프로젝트의 실패를 겪으며 한때 애플에서 쫓겨났지만, 좌절에 머무르지 않고 NeXT와 Pixar이라는 새로운 도전을 스스로 만들어냈다. 그리고 그 성찰과 도전을 바탕으로 애플에 복귀해 오늘날 우리가 아는 혁신의 상징으로 다시 일어섰다. 그는 "우리는 실수를 저지른다. 하지만 바로 그 실수가 우리를 더 창조적이고 새롭게 만든다"고 말했다. 실수를 성장의 씨앗으로 삼는 자세가 진짜 혁신을 만든다는 의미다.

실패는 피해야 할 무언가가 아니라, 성장을 위해 꼭 거쳐야 할 과정이다. 기획자는 실패의 잔해 위에서 더 나은 설계를 끌어올릴 줄 아는 사람이다. 수없이 넘어져도 결코 물러서지 않는 사람. 거기서 배움의 실마리를 찾고, 더 나은 길을 설계해내는 사람. 그게 바로 기획자다.

우리는 더 이상 과거의 실패를 외면해선 안 된다. 그 안에 담긴 질문에 귀 기울여야 한다. '왜 실패했을까' '무엇이 잘못되었을까?' '다음엔 무엇이 달라져야 할까?' 이 질문 속에 우리의 성장이 있다. 실패는 때로 쓰라리지만, 결코 헛되지 않다. 그것이 내일의 성공을 준비하는 가장 단단한 디딤돌이 되어줄 것이기 때문이다.

성찰과 질문, 도전과 개선의 반복 속에서 기획자의 실력과 안목은 천천히, 그러나 분명히 깊어진다. 포기하지 않는 열정, 좌절을 딛고 다시 일어서는 의지, 실패 앞에서도 질문을 멈추지 않는 태도. 이것이야말로 기획자라는 여정을 꿋꿋이 걸어가기 위한 진짜 힘이다.

WORK
BOOK

ASK ———— **BETTER**
THINK ———— **DEEPER**
PLAN ——— **SMARTER**
LEAD WITH QUESTIONS

▼

1. 실전을 위한 7가지 팁

사람들은 종종 성공한 기획자가 타고난 재능과 번뜩이는 통찰력으로 결과를 만들어낸다고 생각합니다. 하지만 진정한 기획의 힘은 그보다 훨씬 더 본질적이면서도 강력한 원천에서 비롯됩니다. 바로 현실과 맞닿은 날카로운 질문들입니다.

이 책에 소개된 27가지 질문은 기획자가 거친 비즈니스의 파도를 헤쳐나갈 수 있도록 도와주는 방향타가 되어줄 겁니다. 하지만 이 질문들이 진짜 힘을 발휘하려면, 이를 활용하는 여러분들의 태도와 자세가 무엇보다 중요합니다.

다음은 27가지 질문을 효과적으로 활용하는 데 도움이 될 팁입니다.

1. 빠르게 작성한다

- 1시간 내 초안 완성을 목표로 떠오르는 대로 빠르게 작성합니다.
- 프로젝트 특성에 맞는 핵심 질문을 선별하여 집중적으로 답변합니다.
- 작성하는 과정에서 앞선 답변을 보완하고 수정하며, 현재 가능한 최선의 답을 도출합니다.

2. 고객 관점을 유지한다

- 고객의 니즈를 생각할 때는 자사의 제품이나 서비스를 잠시 잊습니다.
- 고객이 처한 상황과 맥락을 상상하며, 그들이 진정 원하는 것을 고민합니다.
- 고객의 눈높이에서 고객의 언어로 니즈를 표현해 봅니다.

3. 객관성을 유지한다

- 개인의 선호나 편견을 최대한 배제하고 객관적인 시각으로 바라봅니다.
- 근거 없는 추측보다는 데이터와 사실을 바탕으로 분석합니다.
- 제3자의 시선에서 문제와 해법을 바라보는 태도가 중요합니다.

4. 질문의 의도를 파악한다

- 중간에 유사하거나 중복되어 보이는 질문이 있을 수 있습니다.
- 각 질문의 맥락과 목적이 조금씩 다름을 이해하고 답변합니다.
- 반복되는 질문은 앞선 답을 심화하고 보완할 기회로 삼습니다.

5. 지속적으로 검증하고 수정한다

- 초안 작성 후에는 반드시 내용을 점검하고 보완하는 시간을 갖습니다.
- 작성한 답변은 가설임을 인지하고, 실행과 데이터를 통해 지속적으로 검증합니다.
- 내용을 점점 구체화하고, 정제해 나가는 것이 중요합니다.

6. 실행과 연계한다

- 27가지 질문에 대한 답이 곧 프로젝트에 적용할 수 있도록 작성합니다.
- 답변을 문서에만 남겨두지 말고, 실행 계획으로 연결시킵니다.
- 도출된 니즈와 솔루션은 실제 행동과 의사결정에 반영되어야 합니다.

7. 팀원들과 함께 작성한다

- 개인이 초안을 작성하되, 이를 바탕으로 팀원들과 토론합니다.

- 서로의 의견을 경청하고 피드백을 주고받습니다.

- 문제를 함께 정의하고 해결책을 도출하는 협업의 과정을 만듭
  니다.

2. 기획력을 키우는 27가지 질문 워크시트

이제부터는 가상의 시나리오를 통해, 기획에 질문이 어떻게 쓰이는지 살펴보겠습니다.

각 질문이 어떤 맥락에서 나왔는지 떠올리며, 여러분의 프로젝트에도 하나씩 적용해보시기 바랍니다. 책에 담긴 27가지 질문은 실제 기획 과정에 맞춰 순차적으로 구성되어 있으며, 답을 고민하는 과정 자체가 사고력과 문제 해결력을 키우는 훈련이 될 것입니다.

아래 시나리오를 따라가며, 각 질문에 어떻게 접근할 수 있을지 함께 확인해보시기 바랍니다.

"정체된 자동차 서비스, 리뉴얼이 필요하다."

당신은 포털 서비스 N사의 자동차 서비스를 담당하는 기획자입니다. 최근 내부 데이터 분석 결과, 자동차 서비스의 월간 방문자수와 페이지뷰가 수개월째 정체 상태를 보이고 있습니다. 검색유입도 점차 줄어들고 있어, 서비스 전반에 대한 리뉴얼이 필요한 시점입니다.

당신에게 주어진 미션은 명확합니다.

사용자의 탐색 경험을 혁신하고, 자동차 사진 중심의 서비스로 리포지셔닝하여 트래픽을 30% 이상 증대시킬 것.

문제는 단순하지 않습니다. 사용자들은 왜 이탈하고 있을까요? 어떤 정보가 부족했을까요? 경쟁 서비스와는 무엇이 다르고, 우리만의 차별점은 무엇일까요?

기획을 시작하는 질문들

이 파트에서는 프로젝트를 시작할 때 꼭 짚어야 할 질문들을 다룹니다. 무엇을 목표로 하는지, 어디에 힘을 실어야 하는지, 결과를 어떻게 확인할 수 있을지를 먼저 점검합니다. 기획은 이 질문들에 대한 답에서 출발합니다.

Q1. 이 기획은 무엇을 이루기 위해 존재할까?

- 자동차 정보 서비스의 정체된 트래픽 회복, 사진 중심 탐색 경험으로 전환하여 월간 방문자 수와 페이지뷰 30% 이상 증대

- 자동차 검색 사용자를 만족하여 검색 유입을 증가시켜 플랫폼 내 콘텐츠 소비를 늘리는 것

Q2. 가장 먼저 해결해야 할 일은 무엇일까?

- 인기 차종의 자동차 사진 DB를 빠르게 확보 및 강화

- UI/UX 전반을 재정비하여 사용자의 첫 인상 개선

- 신규 고객 유입을 위한 프로모션과 검색 결과 상위 노출 전략 수립

Q3. 우리는 어떤 결과를 성공이라고 부를 수 있을까?

- 월간 UV, PV, 재방문율, 체류 시간 등의 핵심 트래픽 지표

- 주요 차종 페이지 클릭 수, 사진 조회 수, CTA[*] 버튼 전환율

- 자동차 관련 검색 쿼리[**] 증가율 및 유입 키워드 다변화

---

[*] 웹사이트, 랜딩 페이지, 이메일 등에서 사용자를 특정 행동을 유도하는 행위 또는 요소.

[**] '질의' 또는 '데이터베이스나 검색 엔진에 정보를 요청하는 행위'.

고객을 명확히 하는 질문들

좋은 기획은 언제나 '누구를 위해'에서 시작됩니다. 이 파트에서는 프로젝트에 영향을 주고받는 다양한 이해관계자를 정리하고, 그중에서도 핵심 고객을 뚜렷하게 정의하는 과정에 집중합니다. 그들이 어떤 사람인지, 어떤 니즈를 갖고 있는지, 그 니즈가 실제로 중요한 문제인지 검증하는 방법까지 다룹니다. 고객을 흐릿하게 잡으면 기획의 모든 방향이 흔들립니다. 이 파트는 기획의 초점을 정확한 사람에게 맞추는 작업입니다.

Q4. 이 일에 영향을 주고받는 사람은 누구일까?

- 아이쇼핑 사용자: 시각 중심 탐색을 선호하는 관심 기반 사용자층
- 실구매 예정자: 정보 신뢰성과 비교 기능을 중시하는 실수요자
- 본부장 및 임원진: KPI와 전략 정합성을 우선하는 결정권자
- 파트너사: 콘텐츠 공급의 안정성과 노출 보장을 원하는 외부 협력사
- 내부 실무자: 명확한 일정과 업무 우선순위가 중요한 팀 구성원

Q5. 각자의 입장에서 원하는 건 무엇일까?

- 아이쇼핑 사용자: 고화질 이미지 중심 탐색 경험
- 실구매 예정자: 정확하고 빠른 정보 비교 기능

- 본부장: 리포트 가능한 수치 중심 성과와 전략적 방향성

- 파트너사: 콘텐츠 노출 증가 및 트래픽 공유

- 내부 팀: 실행 가능성과 일정 안정성

Q6. 목표 달성을 위해 꼭 움직여야 하는 사람은 누구일까?

- 아이쇼핑 사용자: 트래픽의 상당 부분을 차지하며, 이들의 만족도가 검색 유입에 직접적 영향

Q7. 지금 우리가 집중해야 할 문제는 누구의 것일까?

- 자동차 정보 탐색에 관심이 높고, 시각적 콘텐츠를 선호하는 20대 초중반 남성 사용자

Q8. 겉으론 말하지 않지만 정말 원하는 건 무엇일까?

- 다양한 차종의 실제 이미지 탐색

- 간편한 모델 비교 및 요약 정보 제공

- 신뢰도 높은 리뷰 및 사용자 평가 확인

Q9. 우리가 발견한 니즈가 정말 중요한 문제일까?

- 자동차 관련 검색 쿼리 및 페이지별 체류 시간 분석

- 이미지 클릭률 및 CTA 버튼 전환율 추적

• 사용자 설문 및 리뷰/댓글 분석

실행을 위한 질문

고객의 니즈를 확인했다면, 이제 그것을 실현할 방법을 설계할 차례입니다. 이 파트에서는 아이디어의 검증, 핵심 행동 유도, 차별화 전략을 점검합니다. 한정된 리소스 안에서 협업과 실행을 조율하며, 좋은 기획이 현실이 되도록 돕는 질문들을 다룹니다.

Q10. 이 아이디어는 정말 효과가 있을까?

• 사진 중심 UI 및 차량 상세 페이지 설계

　　→ 썸네일 기반으로 직관적인 탐색이 가능하도록 개편

　　→ 각 차량별 주요 이미지를 강조한 시각 구조 구성

• 메뉴별 이용량과 히트맵을 통해 사용자의 클릭 경로 및 주목도 확인

　　→ 불필요한 클릭 유도 지점을 제거하고 사용자 흐름 최적화

• 필터 기반 차종 비교 기능 도입

　　→ 가격, 연비, 연식 등 기준별 맞춤 추천 제공

• 유사 서비스 벤치마킹

　　→ 주요 기능을 프로토타입으로 구현하고 사용성 테스트 실행

→ 테스트 유저를 대상으로 동선 및 기능 이해도 측정

- 차량 리뷰 데이터 제휴 및 콘텐츠 강화

    → 파트너사와 협업해 콘텐츠 커버리지 확보

    → 리뷰 조회수 등 성과 지표를 지속적으로 모니터링

Q11. 고객이 실제로 해야 하는 행동은 무엇일까?

- 특정 차종 상세 페이지에 진입해, 사진 콘텐츠와 비교 기능을 적극 활용하는 것

Q12. 그들은 왜 행동해야 할까?

- 시각 중심의 탐색 경험이 경쟁 사이트보다 탁월하다고 느끼기 때문

- 정보 구조가 직관적이고 탐색 흐름에 맞춰 구성되어 있기 때문

Q13. 그들이 행동을 하지 않는다면 그 이유는 뭘까?

- 사이트 인지도가 낮거나, 원하는 차종 이미지가 부족할 경우

- 주요 CTA 버튼이나 탐색 흐름이 직관적이지 않을 경우

Q14. 어떻게 행동을 설계할까?

- 메인 페이지에 인기 차종 이미지 노출

- 최근 본 차량 기능, 즐겨찾기 기능 등을 통한 반복 탐색 유도

- 모델 비교 시각화 및 UI 단순화

Q15. 우리는 지금 어디에 있고, 고객은 왜 우리를 쓸까?

- 경쟁자: 브랜드 공식 사이트, 해외 정보 포털

- 우리 강점: 광고 없는 UI, 국내 시장에 맞춘 정보, 사용자 리뷰 기반 정제된 콘텐츠

Q16. 경쟁자보다 어떻게 우월해질 수 있을까?

- 네이버 내 자동차 정보 검색의 허브 기능을 강화

- 검색 결과 연동성과 자동차 사진 및 리뷰 등의 콘텐츠 확장으로 차별화 확보

Q17. 어떻게 효과적으로 만들까?

- 핵심 기능부터 선개발 후 고도화하는 MVP 방식

- 내부 공통 디자인 시스템 활용해 제작 속도 제고

- 반복 개선 가능한 단위 작업 기준 설계

Q18. 누구와 함께해야 하고, 어떻게 힘을 모을 수 있을까?

- 유관 부서: 디자인, 개발, 마케팅, 검색 파트 등

- 긴밀한 주간 단위 커뮤니케이션 체계 확보

- 테스트 피드백을 빠르게 반영할 수 있는 의사결정 구조 마련

실행에 옮기기 전의 질문들

기획적 구상을 마쳤다고 해서 프로젝트가 완성된 것은 아닙니다. 이 파트에서는 실제 서비스로 구현되기 전에 반드시 점검해야 할 요소들을 다룹니다. 핵심 메시지는 무엇인지, 고객 경험은 어떻게 설계되었는지, 고객은 어디서 우리를 처음 만나게 되는지 등, 마지막 점검표를 따라가며, 빠진 부분을 하나씩 메워봅니다. 준비된 기획자는 여기서 한번 더 묻습니다. 이대로 정말 괜찮을까?

Q19. 고객에게 꼭 전달하고 싶은 말은 무엇일까?

- 사진과 정보로 만나는 세상의 모든 차, 네이버 자동차

Q20. 그들은 어떤 감정과 기억을 가져가야 할까?

- 본인이 관심 있는 차의 외형과 내부 등을 시각적으로 풍부하게 감상하는 경험

Q21. 고객은 무엇을 통해 우리와 만날까?

- 자동차 관련 검색 시 검색 결과 최상단 노출

- 네이버 메인에서 자동차 서비스 바로가기 노출

Q22. 서비스 기획 외에 더 필요한 건 없을까?

- 서비스 론칭 후에도 지속적인 인기 차종 모니터링 및 사진 및 정보 보강 필요

- 검색 쪽 자동차 질문 키워드 모니터링 및 대응

기획을 마친 후의 질문들

기획은 실행 이후에야 진짜 얼굴을 드러냅니다. 이 파트에서는 실제 성과를 돌아보며, 놓친 것은 없는지, 이해관계자들은 만족했는지, 기획의 실행력은 충분했는지를 점검합니다. 성과를 수치로 남기고, 다음 프로젝트에 적용할 인사이트를 기록하는 시간입니다. 질문을 던졌던 그 시작점으로 다시 돌아와, 기획자의 성장을 마무리합니다.

Q23. 지금까지의 기획은 목표와 맞닿아 있을까?

- 사진 중심 탐색 경험으로 차별화에 성공했으나 실구매까지 연결하기 위한 부분은 좀 더 강화가 필요함.

Q24. 최대 다수를 만족시키는 기획일까?

- 고객: 이미지 중심 탐색 만족도 높음

- 본부장: 트래픽 증가 수치 만족

- 파트너사: 콘텐츠 노출 확대에 긍정적

- 내부 팀: 초반 일정은 촉박했으나 후반 안정적 운영 가능

Q25. 문서를 작성할 수 있을 만큼 충분히 질문했을까?

- 주요 질문은 기획 문서 내 구조화되어 있음

- 일부 기능 스펙이나 QA* 기준은 추가 정의 필요

Q26. 어떤 변화와 성과가 남았을까?

- 월간 방문자 수 30% 증가, 자동차 검색 쿼리 20% 증가

- 파트너사 및 내부 부서의 긍정적 피드백 다수 확보

Q27. 다시 시작한다면 무엇을 다르게 할까?

- 사용자 리서치를 더 빠르게 착수했어야 함

- 리뷰 콘텐츠 확보를 초기부터 준비했어야 함

- 협업팀과 주간 단위로 일정 공유 및 리스크 관리 체계 보완 필요

---

* 제품이나 서비스의 품질을 관리하고 보증하는 것.

- A/B 테스트[**]를 시도해볼 것

이 예시를 참고해, 당신의 프로젝트에도 27가지 질문을 직접 적용해보세요. 하나하나 답을 써 내려가다 보면, 기획의 핵심이 또렷해질 것입니다.

템플릿 링크

https://m.site.naver.com/1CWcc

기획자의 질문법

초판 1쇄 인쇄	2025년 6월 6일
초판 1쇄 발행	2025년 6월 13일
지은이	한성희
책임편집	김다혜
편집	윤소연
마케팅	임동건
경영지원	이지원
출판총괄	송준기
펴낸곳	파지트
펴낸이	최익성
디자인	페이퍼컷 장상호
출판 등록	제2021-000049호
주소	경기도 화성시 동탄원천로 354-28
전화	070-7672-1001
이메일	pazit.book@gmail.com

ISBN 979-11-7152-094-7 03320